말씀 흔적

말씀은 우리 삶에 흔적을 남긴다

말씀 흔적

말씀은 우리 삶에 흔적을 남긴다

박병규 지음

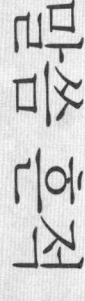

성서와함께

차례

들어가는 말 • 6

하나   철부지 손에 들린 성경 • 13

둘   하느님 나라 1 • 23

셋   하느님 나라 2 • 33

넷   하느님 나라 3 • 43

다섯   회개 • 53

여섯   선택 • 63

일곱   의로움 • 73

여덟   성령 • 87

아홉	구원(생명) • 99
열	용서 • 113
열하나	해방(사랑) • 127
열둘	공동체 • 141
열셋	앎 • 155
열넷	희망 • 171
열다섯	부활 • 189

나가는 말 • 202

들어가는 말

김규항이라는 선생님이 계신다. 그는 칼럼니스트이고 어린이 교양지 〈고래가 그랬어〉를 만들고, 제 신념을 지켜 나가는 지식인이다. 일면식도 없는 분이지만, 나는 그를 선생님이라고 생각한다. 그의 글과 강의에서 나는 전율을 느낀다. 그를 두고 이런저런 이야기들이 많지만 적어도 나에게 그는 '예수'를 가르치는 선생님이다.

유학을 마치고 한국에 들어왔을 때, 우연히 서점에 들렀다가 손에 쥔 책이 《예수전》이었다. 제목이 신기하고 정감이 느껴져 골랐는데, 읽을수록 부끄러움이 밀려왔다. 신학생 때부터 20여 년 동안 성경을 공부했는데, 김규항의

《예수전》을 읽으며 '내가 성경을 정말 잘못 공부했구나' 하는 반성에 부끄러웠던 것이다. 성경을 학문적 대상으로, 고고학적 작품으로만 바라보고, 2000년 전 세상에만 골몰하게 만들었던 나의 성경 공부는 현재 삶에 대한 사유가 철저히 제거된 것이었다.

대한민국 한가운데 살아가는 나는 이 나라 안에 함께 살아가는 나의 이웃, 많은 민중의 애틋한 삶을 얼마나 사랑하는가? 나의 반성이 시작되었다. 성경이란 게 원래 그렇지 않나. 숱한 예언자의 가르침이 그렇고, 예수의 가르침도 그렇고, 모두가 사회적인 가르침이지 않나. 오히려 성전이나 회당에서 늘 부딪치고 갈등을 겪은 이가 예수였다.

저잣거리 민중의 구체적인 삶 속에 예수의 가르침은 살아 있었다.

 김규항은 이렇게 말한다. "예수는 가난하고 약한 사람들, 죄인 취급 받는 사람들, 여성, 아이들이 사람대접 받는 세상을 구름 위에, 혹은 관념 속이나 저승에 지으려 한 게 아니다. 바로 우리가 살고 있는 현실 안에서, 그 현실을 변화시킴으로써 만들려고 했다. 그 변화는 원하든 원치 않든 기존 지배질서와의 정치적 갈등과 불화를 수반할 수밖에 없다. 여자가 남자와 대등하게 사람 노릇하는 세상을 만드는 데 가부장 권력이 가만있을 리가 없고 사람 취급 못 받는 사람들이 인권을 확보하고 버젓이 똑같이 행동하는데 그들을 억압하고 착취해서 유지되는 기득권 세력이 그걸 용납할 리 없다. 예수의 정치성은 예수가 의도했든 안 했든 필연적이었다. 예수의 변혁, 즉 하느님 나라 건설은 당연히 정치적인 변혁을 수반한다. 그것을 궁극의 목표로 하지 않을 뿐"(www.gyuhang.net).

나는 《말씀 흔적》을 시작으로 예수의 정치성에 대해 공부하고 이야기하려 한다. '정치'라는 말에 민감한 이들이 우려하는 것처럼, 좌·우의 대립을 조장하거나, 진보와 보수의 머리 아프고 또는 폭력적인 논쟁을 하자는 게 아니다. 우리 삶에 대한 사유를 시작하자는 것이다. 인간 삶은 모든 게 정치적이다. '정치적'이라는 말은 '관계적'이라는 말로 고칠 수 있다. 우린 서로 얽혀 살지 않나. 예수의 가르침은 그런 얽힘 속에서 인간됨을 회복하자는 것이었다. 김규항이 쓴 《예수전》은 그런 예수의 일상과 대한민국의 일상을 잘 버무려 놓고 제 신념으로 양념을 한 책이다.

  신앙인의 성경 공부는 대개가 우리 사회의 얽힘에서 철저히 소외된 듯하다. 이 책을 읽으면서 우리가 삶에 대한 사유를 시작했으면 한다. 우리 모두는 다른 의견과 다른 신념을 갖고 있다. 다름을 읽고 받아들이며, 다름으로 제 일상과 신념을 손질하고 반성하는 일, 성경의 말씀으로 충분히 가능하다는 사실을 나는 말하고 싶다. 우리는 무릉도원에 사는 도인이 되고자 성경 공부를 하는 게 아니라, 이 세상에 하느님 나라를 건설하려고 성경을 읽는다.

성경을 읽으면서 세상을 읽는 일, 참으로 설레는 일이다. 그 설레는 일에 함께해 주셨던 모든 분, 그리고 앞으로 함께하실 모든 분께 마음으로 감사를 드린다.

박병규 신부

하
나

철부지 손에 들린 성경

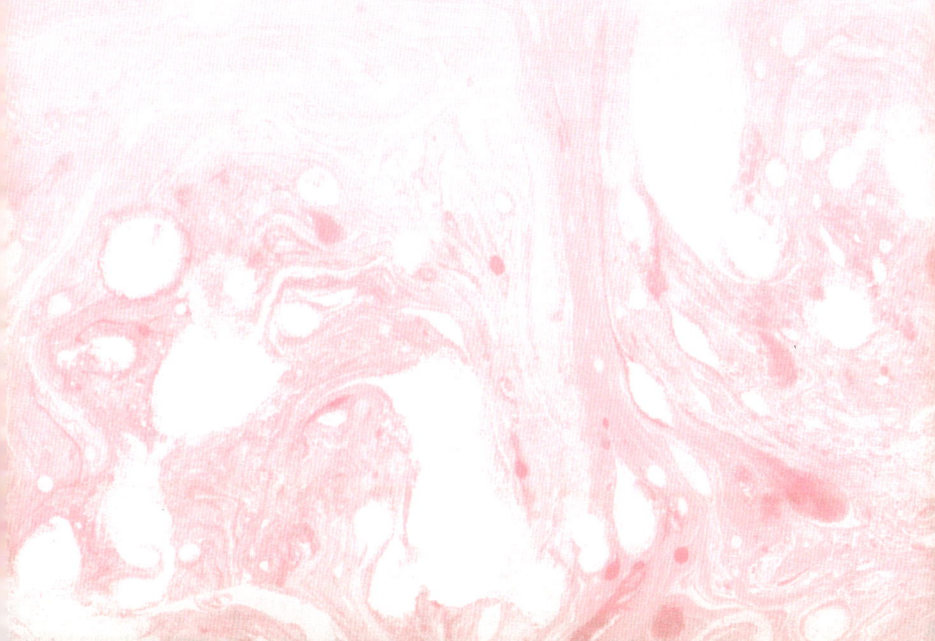

어렵게만 느껴지는 성경을
가장 쉽게 이해하는 방법은,
다시 '철부지'가 되는 것이다.

성경은 어렵다고들 한다. 신부님께 묻고, 수녀님께 묻고, 그러다 조금 더 전문적으로 공부하고픈 생각도 드는 게 사실이다. 오랫동안 성경을 공부한 내게도 성경이 어렵게 느껴질 때가 많다. 그래서 '어떻게 하면 어려운 성경을 쉽게 설명할 수 있을까?'라는 질문을 늘 가지고 살았다. 어려운 성경을 쉽게 전하는 것이 내 역할이라고 생각해서 이런 고민을 해 왔는데, 어느 날 문득 내 눈길과 마음에 들어온 성경 구절이 있었다. "아버지, 하늘과 땅의 주님, 지혜롭다는 자들과 슬기롭다는 자들에게는 이것을 감추시고 철부지들에게는 드러내 보이시니, 아버지께 감사드립니다"(마태 11,25). 성경이 어렵게

하나─철부지 손에 들린 성경

만 다가왔던 막막함도, 어려운 걸 쉽게 설명하겠다는 무모함도 이 성경 구절 덕택에 내려놓을 수 있게 되었다.

제2차 바티칸 공의회 문헌 중, 하느님의 계시에 관한 교의 헌장인 〈하느님 말씀〉(Dei Verbum)에는 이런 말이 있다. "그러므로 성경 해석자들은 성경 저자가 제한된 상황에서 그 시대와 문화의 여러 조건들에 따라 당시의 일반적인 문학 유형들을 이용하여 표현하려 하였고 또 표현한 그 뜻을 연구해야 한다"(12항). 성경이 어려운 가장 큰 이유 중 하나는, 한국인으로 살아가는 우리의 삶과 성경 사이에 거리가 있고 차이가 있기 때문이다. 말과 문화가 다르고 사상 역시 너무나 달라서, 그것들을 배우고 익혀 그 차이를 어느 정도 상쇄시키는 노력이 성경 읽기에 필요한 것이다.

그렇다고 해서, '철부지'의 자리를 포기할 수도 없다. 글을 깨치지 못한 두서너 살의 어린아이들에게 우린 어떻게 말을 할까? 알아듣지도 못하는 어린아이를 앞에 두고 이런 저런 말들을 쏟아내며 어떻게든 소통하고자 애를 쓴다. 예수님도 그러셨다. 마흔 가지가 넘는 일상의 이야기로 하느님 나라를 가르치려 무던히도 애를 쓰신 예수님은 군중과 제자들이 알아듣지 못하는 것에 안타까워하기도 하셨고(마르 8,17; 마태 23,37), 심지어 울기까지 하셨다(요한 11,33-35). '철부지'의 자리는 지식의 상아탑을 쌓는 자리도, 지혜의 심오한 깨달음을 터득하는 자리도 아니다. 하나라도 더 가르치고 싶어 애를 쓰고 있는 '어른'의 사랑을 몸과 마음으로 느끼는 전적인 의탁의 자리이다.

'철부지'가 되는 데 필요한 건 그리 많지 않다. 기본적으론 '회개'가 필요하다. 흔히 회개하라고 하면, 잘못을 씻고 뉘우치는 일을 먼저 떠올린다. '회개'를 가리키는 그리스 말 '메타노이아(μετάνοια)'는 '돌아서다'라는 의미를 가지고 있다. 내 처지가 어떻든, 내 몰골이 어떻든 오시는 '임'을 향해 돌아서는 결단이 회개이다. 사실, 구약성경이든 신약성경이든 하느님 말씀이 글로 옮겨진 이유는 지난 삶에 대한 회개 때문이었다. 바빌론 유배(기원전 587-537) 후, 하느님 백성의 위엄을 되찾기 위해 유다인의 삶을 재정비하는 가운데 율법서인 모세 오경이 쓰였고, 시대의 정의를 부르

짖었던 예언자들의 글이 다듬어졌다. 시간의 흐름 속에 변질된 유다 백성의 삶을 반성한 역사서들도 **빼놓을** 수 없는 회개의 증거였고, 이웃 문화를 접하면서 하느님의 가르침을 다시 해석하고 깨우치고자 노력한 지혜문학도 회개의 결과였다. 하느님을 외면하고 살았던 지난 삶을 뉘우치고 새로운 삶을 살고픈 유다 백성의 원의가 구약성경 곳곳에 고스란히 놓여 있는 것이다. 신약성경도 마찬가지다. 부활을 목격한 사도들과 증인들로부터 시작된 초대 그리스도교 공동체가 어떻게 하면 예수님의 삶과 가르침을 좀 더 온전히 살아내고 전할 수 있을지 고민한 결과가 신약성경이다. 깨어서 믿음으로 예수님과 하나 될 수 있도록 이끈 사도 바오로의 서간들, 예수님의 삶과 행적을 고스란히 전해 주며 그리스도교 공동체가 살아갈 삶의 지침을 제시한 복음서들, 그리고 공동체의 삶과 이상을 체계적으로 만들고 다듬은 가톨릭 서간들, 이 모든 것이 예수님께로 향한 신앙인들의 회개이고 갈망이었다.

요한 묵시록 2장의 에페소 신자들에게 보낸 서간에 이런

말씀 흔적

말씀이 있다. "그러므로 네가 어디에서 추락했는지 생각해 내어 회개하고, 처음에 하던 일들을 다시 하여라"(묵시 2,5). 일상을 살다 보면 지향하고픈 삶이 흔들리고 무너지는 일을 허다하게 경험한다. 그럴 때마다 어디에서 추락했는지 되돌아보는 일은 매우 중요하다. 처음의 일, 처음 예수님을 믿고 따르고자 했던 그 일을 다시 정리하고 간추려 예수님을 향한 일을 다시 선택하고 거기에 집중할 수 있어야 한다. 성경은 유다 백성이, 그리스도인들이 제 삶의 이곳저곳을 정리하고 간추려 우리 존재의 근원이신 하느님께 나아가는 신앙의 정도正道를 보여 준다. 하느님을 찾는 이 길을 우리는 회개라고 한다. 회개는 소극적이고 수동적인 자기 반성이 아니라 적극적이고 능동적인 제 삶의 회복이다.

어렵게만 느껴지는 성경을 가장 쉽게 이해하는 방법은, 다시 '철부지'가 되는 것이다. 철부지는 지금 이 순간이 전부인 듯 노닌다. 다른 계획과 바람은 철부지에게 어울리지 않는다. 지금 이 순간에 철저히 투신하는 철부지처럼 성경을 매 순간 붙들고 사는 게 중요하다. 성경의 역사적 상황에 대한 이해와 신학적 지식들이 필요하다고 철부지를 학자로 만들어서는 안 된다. 내가 좋아하는, 아니 존경하는 수사님 한 분이 계신다. 로마에서 함께 공부한 수사님인데, 그분이 이런 말씀을 하셨다. "성경 공부에 하느님이 빠져 있습니다. 건조하고 삭막한 주석서들은 하느님에 대해, 신앙에 대해 이야기하지 않아요." 하느님은, 공부하고 지식을 축적하여 만날 수 있는 분이 아니다. 그분의 뜻은 그리 간단치 않다. 수천 년을 고뇌해도 하느님의 뜻은 여전히 '어렴풋'한 채로 남아있다. 하여, 인간의 자세는 철부지여야 한다. 철부지가 제 부모에게 무작정 달려드는 것은 부모의 뜻을 제대로 간파했기 때문이 아니다. 철부지가 무작정 붙들고, 떼쓰고, 고집 피우듯 성경을 읽고, 읽고, 또 읽는 것이 중요하다. 그 지난한 과정이 성경을 제대로 이해하는 길이다.

성경을 읽으면서 간혹 이런 질문을 던지곤 한다. '부활이 가장 중요한 신앙의 핵심이라면, 왜 예수님은 바로 돌아가시고 부활하시지 않으셨나?' '왜 예수님은 고단한 지상 삶을 사신 후에야 비로소 부활을 마지막에 보여 주셨나?' 이 질문은 '왜 예수님은 공생활 동안 그렇게 많은 가르침을 주셨나?'로 다시 고쳐 볼 수 있다. 공생활 동안 예수께서 제시하신 하느님 나라, 사랑, 용서, 정의, 구원, 해방 등의 주제는 '들을 귀 있는 자'를 위한 초대의 말씀이다. 듣는 이를 찾는 성경은 듣는 이로 끝이 난다(묵시 22장 참조). 듣는 이가 제 목소리를 내는 순간, 이를테면 성경의 주제는 '이것이다'라고 개념을 규정하는 순간, 성경은 성경이 아니게 된다. 또 다시 떼를 쓰듯 성경을 붙들고 질문해야 한다. '당신은 왜 이렇게 말씀하셨습니까?' '저와 생각이 다르시군요!' '당신 말씀대로 사는 건 비현실적이에요!' '제발 저를 바꾸어 주십시오!' 등등의 질문과 요구를 성경 속에 던져 넣어야 한다. 그제야 비로소 하느님은 우리 삶 속에 분명 살아 계실 것이다.

삶에서 어떤 답을 찾으려는 경우가 많은데, 사실 여정 자체가, 살아 내는 것 자체가 답일 경우가 많지 않나. 성경도 그런 것 같다. 읽고 묻고, 따지고 떼쓰는 일, 그 일로 성경은 살아 있는 하느님 말씀이 된다.

둘

하느님 나라 1

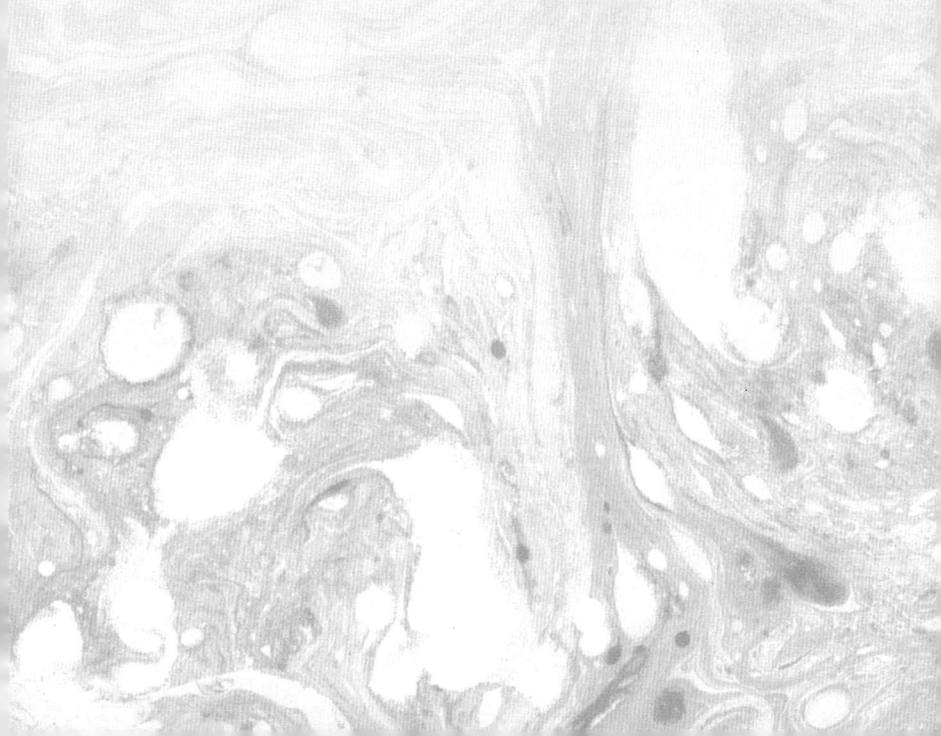

교회는 불의에 항거하는 영웅들의
투쟁 장소가 아니라
자비와 사랑의 하느님이
당신 뜻대로 머무시도록 준비하는 장소이다.

다른 문화와 사상을 경험하는 것이 기존의 삶에 대한 반성이나 고민을 불러오는 경우가 있다. 나의 경우엔 프랑스 리옹에서의 삶이 그랬다. 특별히, 학교를 오가는 길에 자주 만났던 리옹 주교좌 성당 앞 노숙인은 잊을 수가 없다.

"여기서 주무시기 춥지 않으세요?"
"여기가 어때서?"
"그래도 따뜻한 곳에 가서 제대로 쉴 수 있으면 더 좋을텐데…요?"
"왜 그렇게 생각하지?"

"…."

나와 노숙인 사이에 몇 번 오고 갔던 짤막한 대화이다. 잘 먹고, 잘 씻고, 무엇보다 제대로 잘 수 있는 삶이 주교좌성당 앞 노숙인들을 더 행복하게 만들 것이라는 내 생각은 대화를 나눌 때마다 매번 속절없이 무너져 내렸다. 내 삶의 기준으로 세상을 바라보면 노숙인들은 그야말로 사회적 '루저'들인 셈이다. 아마 그 노숙인은 나와 다르게 세상을 바라보고 있었던 것 같다.

하느님 나라에 대해 묵상할 때마다 노숙인과의 그 대화를 다시금 되새겨 보게 된다. "왜 그렇게 생각하지?"라는 노숙자의 말은, 기존의 내 생각과 말과 행동의 준거가 어디에 있는지를 되묻게 하는 말이다. 그 준거가 하느님의 뜻과 자연스럽게 상응하지 않는다면 내 삶을 다시 찬찬히 살펴봐야 할 일이다. 하느님 나라는 무엇보다 '나라'이다. 그러나 그 나라는 현대적 국가 개념, 곧 영토와 백성과 국권의 틀로 이해되는 나라가 아니다. 그리스 말로 나라는 '바

실레이아(βασιλεία)'인데, 임금이나 지도자의 통치권을 가리키는 말이다. 이를테면 하느님 나라는 하느님의 통치권을 받아들이는 이, 하느님을 믿고 그분의 뜻을 살아가는 이들을 통해 확연히 드러나는 것이다.

마태오 복음의 진복팔단에 보면 하느님 나라를 얻어 누리는 이들을 분명히 언급하고 있다. "마음이 가난한 사람들"(마태 5,3)과 "의로움 때문에 박해를 받는 사람들"(마태 5,10)이 그들이다. 보통 마음이 가난한 사람들을 유다 사회의 '아나윔'(가난한 자들) 전통과 연결시킨다. 제 삶이 오롯이 하느님의 의로움만을 향하게 한 이들을 '아나윔'이라 한다. 구약 시대의 예언자들이 그랬고, 신약 시대의 시메온과 한나의 삶이 그러했다. 하느님 나라는 세상에서의 처지가 어떠하든, 그것이 가난이든 박해든 간에, 하느님의 뜻에 한 인생을 내어 바친 이들의 것이다. 세상에서 하느님의 뜻을 실천하다 보면 숱한 박해를 감당해야 한다. 세상과 타협하지 않고, 정직하고 성실하게 진리를 위해 산다는 건 말처럼 쉬운 일이 아니다. 쉽지 않으니 그 삶이란 게 대부분 가난과 박해를 업보처럼 짊어지게 된다. 우리 교회 역시 그런 '아나윔'으로 살아 왔고, 앞으로도 그렇게 살아갈 것이다. 사실 하느님 나라에 합당한 노력은 교회 역사 안에 끊임없이 등장했다. 복음을 전하는 데 목숨까지 바친 사람부터 일상의 소소한 기도문을 빠뜨리지 않고 되뇌이는 사람까지, 하느님 나라는 그 나라를 갈망하는 많은 이들에 의해 가난 속에서, 가난한 삶 가운데 증언되고 선포되는 중이다.

그런데 우리가 노력해서 얻어 내야 하는 것이 하느님 나라라는 생각은 위험할 수 있다. 예수님이 말씀하신 하느님 나라는 내일 혹은 보이지 않는 미래를 염두에 둔 나라가 아니기 때문이다. 예수님은 공생활을 시작하시면서 하느님 나라가 이미 가까이 왔다고 말씀하셨다(마르 1,15). 하느님 나라는 우리의 일상 속에 이미 존재하는 것이라고도 하셨다(루카 17,21). 간혹 신앙생활을 두고 하느님 나라를 위해 아직 참아내야 할 시간, 희생과 봉사로 먼 훗날 하느님 나라에 들어가기 위한 입장권을 확보하는 시간으로 이해하는 경향이 있다. 말하자면 이 세상엔 아직 하느님 나라가 오지 않았으니 세상은 하느님 나라와 하등의 관계가 없다고 생각하는 것이다. 하느님 나라는 예수님께서 가져다주셨고, 그분 덕택에 우리는 이미 그 나라를 살아가고 있는데, 아직 하느님 나라가 오지 않았다 생각하는 것은, 예수님의 공생활을 업신여기는 게 아닐까?

하느님 나라가 아직 이 세상에 오지 않았다고 생각하는 것은 내가 내 삶의 잣대로 노숙인을 함부로 대했던 태도와 맥을 같이하는 것 같다. 여전히 가난하고 배고프고 억압받는 이들이 있고, 여전히 부조리에 희생당하고 불의에 상처받는 이들이 있으니 하느님 나라는 한참 멀었다는, 그래서 나라도 외치고 저항해서 모두가 행복하고 평화스러울 수 있는 참된 하느님 나라를 만들어야겠다는, 그런 식의 영웅주의적 태도 말이다. 그래서 노숙자의 말로 되물어야 한다. "왜 그렇게 생각하지?"

하느님 나라는 세상이나 내가 원하는 형태와 방법으로 이루어지는 게 아니다. 예수님은 십자가로 세상에 구원을 이루셨다. 신앙인은 세상에 이미 온 하느님 나라를 삶으로 증거하는 사람들이다. 마음이 가난하고, 의로움 때문에 박해받는 지금을 우리 신앙인의 삶으로 증거한다면, 그것이 하느님 나라를 이미, 지금, 여기에서 살고 있는 것이다. 보다 행복하고 보다 평화롭고 보다 윤택한 삶을 살아야만 하느님 나라를 완성하는 것은 아닐 텐데, 우린 왜 매번 '보다 나은 내일'을 전제로 지금의 부족함을 제거의 대상으로만 여기는지 되돌아볼 필요가 있다.

교회가 하느님 나라를 살아간다면, 세상을 바꾸려고 나서기 전에 세상을 있는 그대로, 그것이 내 눈에 하찮고 부조리하게 여겨지더라도, 먼저 차분히 바라보고 깊이 사유하며 고요히 묵상하는 태도가 필요하다(마태 18,4.10). 교회의 궁극적 목표는 세상의 변화가 아니라 하느님과의 만남이기 때문이다. 하느님 나라는 '저절로' 자라난다(마르 4,26-29). 이 세상이 불의와 부조리로 가득 차 보이는 것은 이미 하느님의 섭리대로 선하고 정의롭고 조화롭게 창조된 세상의 질서를 우리가 소홀히 한 때문이지 하느님 나라 자체가 아직 도래하지 않아서가 아니다. 하느님 나라는 불의와 부조리 속에서도 저절로 자라나고 있다(마태 13,24-30). 올바르게 살다가 가난해지고 박해받는 이들이 하느님 나라가 이미 현실 속에 존재하고 있다는 방증이다. 자신의 목소리를 높여 가며 이러쿵저러쿵 현실을 비난하고 재단하는 교만을 내려놓고, 본디 인간 됨과 본디 지켜야 할 것과 본디 행해야 할 것을 찬찬히 살펴보는 데서 하느님 나라는 시작한다. 교회는 불의에 항거하는 영웅들의 투쟁 장소가 아니라 자비와 사랑의 하느님이 당신 뜻대로 머무시도록 준비하는 장소이다. 하느님 나라는 '건설해야 할' 무릉도원이 아니라 창조 때의 본모습으로 '회복해야 할' 우리의 본디 삶인 것이다. 하느님께서 멋지게 만들어 놓은 본래의 나를 내팽개치고, 나 아닌 나로 살아가고 있지는 않은지, 돈과 명예와 권력이라는 세상의 논리에 내 삶을 저당 잡힌 채 살고 있지는 않은지, 스스로에게 질문하는 데서 하느님 나라의 기쁨은 시작한다.

셋

하느님 나라 2

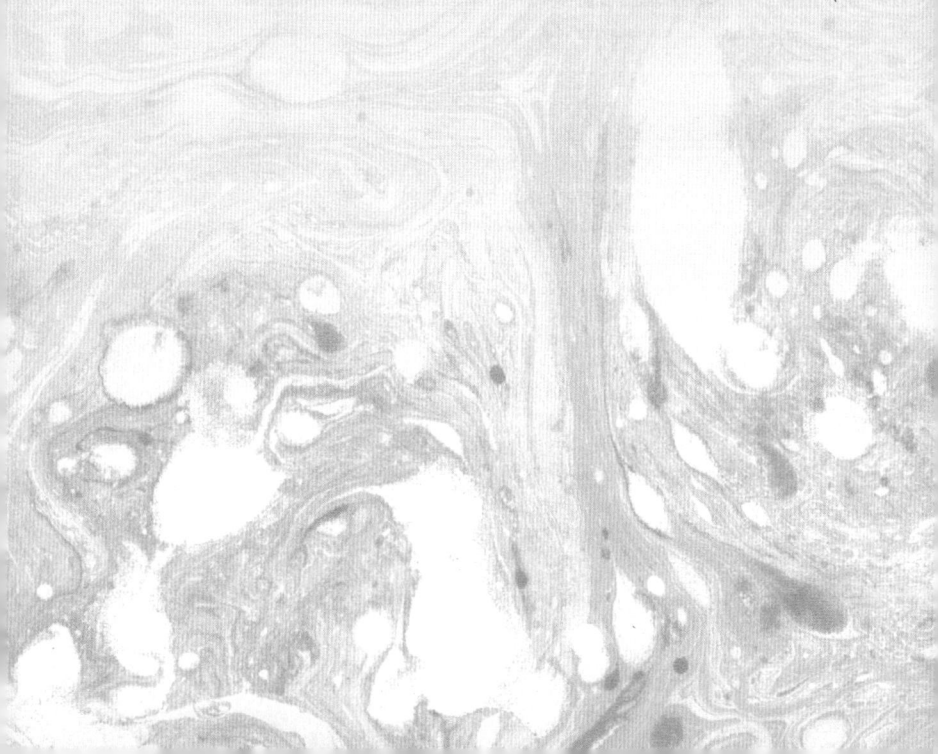

일상을 살면서 헤아릴 수 없을 만큼
많이 비교하고 판단하며
이웃을 재단하는 버릇 때문에,
하느님 나라와 그분의 뜻을
훼손하고 있다는 반성이 꽤나 무겁게 다가온다.

"너희 나라 교회는 어때?"
"뭐… 그렇게 자랑할 만한 것이…."

나는 잠시 속으로 생각했다. 두서없이 말하기보단 좀 더 논리 정연하게 우리 교회를 자랑하기 위해서 급하게 머리를 굴리느라 머뭇거리고 있었다.

"우리나라 교회는요…."

이렇게 시작된 말은 꽤 길게 이어졌고, 너무 길다는 의식을 하다 보니 허둥대며 끝을 맺고 말았다. 한국 교회에 대한 내 말의 마무리는 이러했다.

"그래도, 프랑스 교회와 비교도 안 될 짧은 역사를 가진 교회라 아직 신앙의 깊이는 얕은 것 같아요."

미소 띤 얼굴로 나를 바라보시던 프랑스 리옹교구 성소담당 신부님은 갑자기 자세를 바꾸시더니, 이렇게 대답하셨다.

"네가 무엇인데, 한국 교회의 신앙을 평가하니? 너에게는 그럴 권한이 없어."

하느님 나라가 하느님 뜻이 이루어지는 곳이라면, 그 뜻이 무엇인지를 묻는 것은 당연히 필요하다. 대개 하느님의 뜻을 세상과 다른 곳에서 가능한, 고결하고 거룩하여 어지러운 세상과는 차별화된 것으로 생각하는 경향이 있다. 그럼에도 세상 속에서 형성된 윤리·도덕적 기준이나 관습적 잣대를 준거로 하느님의 뜻을 설명하기도 한다. 이를테면,

신자라면 공손하고 인자하고 예의 바르게 살아야 한다는 일종의 생활양식이 하느님의 뜻을 드러내는 것으로 이해하는 태도 말이다. 세상과 차별적인 것을 추구하되 세상이 만든 정연한 준거와 규칙을 따라 사는 것, 그래서 세상에서 '칭찬' 듣는 것을 신자의 품위로 생각하기도 한다. 이쯤에서 하느님의 뜻을 깨닫는 데 필요한 몇 가지 질문을 해보자. '그럼 예수님은 왜 당시 사회에서 당연시되었던 안식일을 어기고, 죄인과 어울려 먹고 마셨을까?' '예수님은 왜 당시 사회의 윤리와 관습의 준거집단이었던 사두가이, 바리사이들에 의해 십자가형을 받으셨을까?'

이 세상의 삶과 규칙이 하느님의 뜻에 부합하는지 되돌아보는 데 소용되어야 할 것은 하느님의 뜻이 육화한 예수님을 통해 드러났다는 사실이다. '현실이 그렇다'거나 '모두가 맞다고 생각하지 않느냐'라는 논리는 합리적인 듯하나 얼마간의 포기와 타협을 전제한 것일 수 있다. 의인이 아니라 죄인을 부르러 오셨다는 예수님이 하느님 나라를 외치신 건, 포기와 타협으로 점철된 세상의 주류에 대한 저항이 아닐까 하는 생각은 괜한 것이 아니다. 제 생각이, 제 판단이, 제 가치관이 옳다는 이들, 바로 이 사람들에 의해 예수님이 돌아가셨기 때문이다.

예수님께서 이 세상에 하느님 나라를 외치고 저항하신 이유는 '조화'에 있다. 태초부터 하느님께서는 구별을 통해 세상이 질서 정연한 곳이 되기를 원하셨다. 빛이 생기고 그 빛이 어둠과 조화를 이루어 창조의 첫날 하루가 완성되었다(창세 1,5). 하루의 완성은 이틀, 사흘째 날로 이어지며 공간을 구별하고 각 공간마다 고유한 생명체들이 제 종류대로 자리 잡는다(창세 1,25). 서로 다른 공간에 놓인 서로 다른 생명체들은 저마다 가진 제 색깔을 뽐내며 '다름의 향연'을 펼친다. 이것이 하느님께서 만드신 세상의 본래 모습이다.

프랑스의 유명한 성서학자 폴 보샹(Paul Beauchamp)은 창조의 마지막 날, 곧 이렛날을 가리켜 '하느님 절제의 시간'이라 말한 바 있다. 이렛날에 빗대어 묘사하고자 한 것은 유다 사회의 안식일인데, 히브리 말로 '싸밧(שַׁבָּת)'이라고 한다. 흔히 안식일이라 하면 '쉼'을 떠올릴 텐데, '싸밧'의 사전적 의미는 '중지'이다. 일을 잠시 멈추신 하느님은 당신이 만든 것들의 조화를 감상하셨다. 모든 것을 만드신 하느님께서 멈추신 것은, 우리 역시 멈추고 주위를 돌아볼 시간을 가져야 한다는 사실을 일깨우시기 위함이다(신명 5,14-15). 내가 쉬어야 너도 쉬고, 서로가 쉬면서 서로의 다름이 얽히고설킨 삶의 자리를 되돌아보는 것, 그것이 태초부터 시작된 하느님의 뜻이었다.

요즘 들어 '저녁이 있는 삶'에 대한 요구가 거세지는 듯하다. OECD 회원국들 중 한국의 노동시간이 멕시코 다음으로 많다는 사실을 굳이 언급하지 않더라도, 우리는 바쁘게 움직이고 쉼 없이 내달리며 끝없이 경쟁해야 살아남는 다소 씁쓸한 현실을 경험하며 살고 있다. 신자유주의라 일컫는 경쟁 체제는 경쟁력이 없는 사람을 '게으른 사람', '실패한 사람'으로 치부하곤 한다. 이것이 부끄럽게 고백해야 할 우리 사회의 자화상이다.

예수께서 의인이 아니라 죄인을 부르러 오셨다는 사실은, 윤리적 혹은 율법적인 일탈을 꾸짖어 반듯하고 성숙한 사회 구성원의 품위를 회복시키려는 것이 아니다. 당시에 죄인으로 취급받았던 이들은 하루 벌어 하루 먹고살기 바빴던, 도무지 멈추고 사색하거나 이른바 '저녁이 있는 삶'을 살아갈 여유를 누리지 못했던, 그래서 안식일조차 지킬 수 없었던 소시민을 가리킨다. 이를테면 목자, 어부, 소작농처럼 사회의 주류로부터 소외되어 사회적 권리조차 박탈된 이들이었다. 예수께서는 당신의 가르침과 치유를 통해 그들도 사람이고, 사람다워야 하고, 사람으로 대접받아야 한다는 사실을 설파하셨다. 요컨대 예수님은 그 어떤 자리든, 어떤 생명체든 제 종류대로 그 가치의 고귀함을 드러낼 수 있어야 한다는 태초의 하느님 뜻을 다시 일깨우신 것이다.

하느님께서 남자인 아담이 혼자 있는 것이 보기에 좋지 않아 여자인 하와를 만들어 내실 때, 그 둘의 관계를 '알맞은 협력자'라고 규정하셨다(창세 2,18). 알맞게 돕는 것이 사람과 사람 사이에 해야 할 일이라는 의미일 것이다. 다만, '알맞다'의 의미를 서로 눈높이를 맞추어 뜻을 같이하는 것으로 받아들여선 안 된다. '알맞다'는 뜻의 히브리 말 '네게드(נֶגֶד)'는 '~ 앞에'라는 의미를 포함한다. 풀어 말하자면, 내 앞에 다른 이가 있다는 것이다. '나만' 있는 게 아니라 '너도' 있으니 서로 다름을 보듬어야 한다는 의미가 '알맞은'에 담긴 속뜻이다. 하와가 만들어질 때, 아담은 깊은 잠에 빠져 있었다(창세 2,21). 아담이 자신과 한 몸이 된 하와에 대해서, 그녀의 다름에 대해서 전혀 알 길이 없다는 사실을 깊은 잠으로 표현한 것이다.

그렇다. 우리는 서로 잘 모른다. 한 이불 덮고 사는 부부 사이에도 서로 모르는 게 있고, 모르기에 서로 알아가려는 노력을 많이 한다. 그 노력이 행여 누군가에 의해 일방적으로 재단되거나 설계된다면, 그것이 외견상 매우 정의롭고 선하다 하더라도 다른 누군가에겐 폭력이 될 수 있다. 우리는 이런 유의 폭력에 민감해야 한다. 예전 유학 시절 리옹교구의 성소담당 신부님 말씀은 여전히 내 귓가에

맴돌고 있다. "네가 무엇인데, 한국 교회의 신앙을 평가하니? 너에게는 그럴 권한이 없어." 일상을 살면서 헤아릴 수 없을 만큼 많이 비교하고 판단하며 이웃을 재단하는 버릇 때문에, 하느님 나라와 그분의 뜻을 훼손하고 있다는 반성이 꽤나 무겁게 다가온다. "저는 죄인입니다. 죄인이라서 당신의 용서를 구하고, 당신의 자비 안에 의탁할 뿐입니다"라고 이야기할 수 있는 겸허함이 이웃을 있는 그대로 보고, 이웃과 조화롭게 살아갈 수 있는 하느님 나라의 시민이 될 자격이다.

말씀 흔적

넷

하느님 나라 3

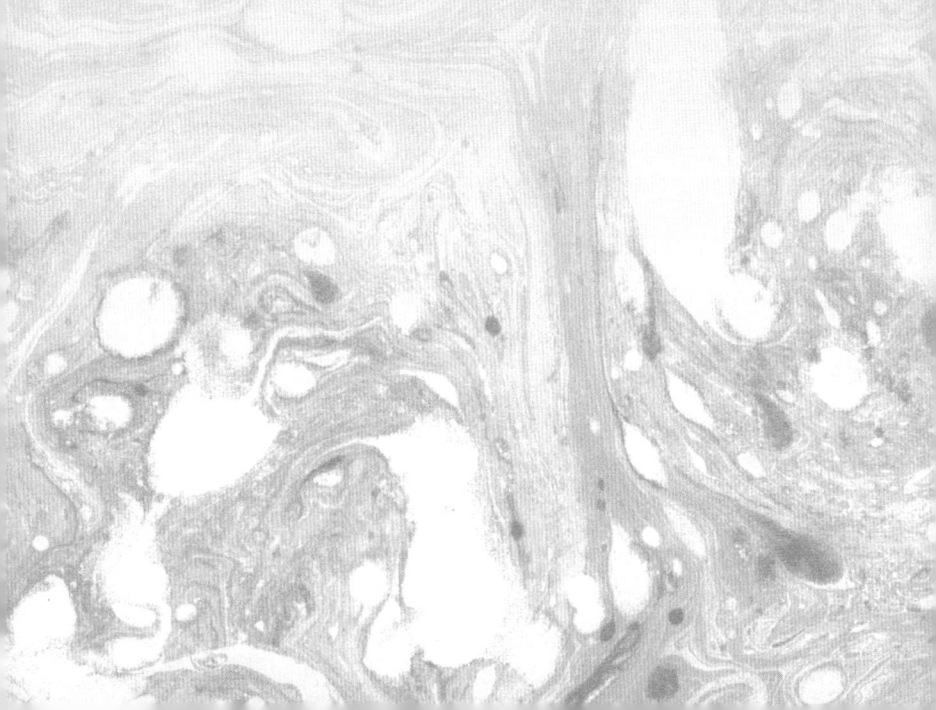

예수님은 스스로 자신을 낮추신 것이고,
낮은 자리를 갈망하신 것이다.
'나'를 위해 사신 게 아니라,
'너'를 위해 '나'를 뛰어넘는 강력한 갈망을
몸소 보여 주신 것이다.

프랑스 유학길에 오를 때, 유일하게 알고 있었던 프랑스 말은 '메르씨 보꾸(merci beaucoup)'였다. '매우 고맙다'는 뜻을 지닌 이 말이 '멸치 볶음'과 발음이 비슷한 게 우습기도 하고 멸치 볶음을 싫어한 나로서는 '메르씨 보꾸'를 되뇌이며 괜히 '프랑스 싫어!'라고 우겨 보기도 했다. 낯선 유학 생활이 두려웠던 거다. 공부를 마치고 돌아올 무렵, 프랑스 리옹 근교의 작은 본당에서 환송 미사를 봉헌했다. 신자들은 제 나라로 돌아가는 동양의 얼굴 납작한 신부를 눈물로 보내 주었다. 사람 사는 데는 어디든 마찬가지인 것 같다. 정이 생기니 정 떼기가 힘든 건 동양이든 서양이든 매한가지였다.

"처음 제가 프랑스로 올 때, 유일하게 알았던 말이 '메르씨 보꾸'였습니다."

미사가 끝나갈 무렵, 신자들의 눈은 모두 나를 향해 있었고, 이방인의 서툰 프랑스 말 발음이 성당에 울려 퍼졌다.

"떠나는 지금, 다시 '메르씨 보꾸'를 말씀드리고 싶습니다. 프랑스의 자유에 대해 '메르씨 보꾸', 프랑스의 평등 정신에 대해 '메르씨 보꾸', 프랑스의 형제애에 대해 '메르씨 보꾸'입니다."

잠시 박수가 이어졌고, 나는 계속 말을 이어갔다.

"한국에 가면, 자유, 평등, 형제애를 꼭 실천하며 살겠습니다. 그게 제가 공부한 성경 말씀의 정신이기도 하니까요."

자유, 평등, 형제애는 프랑스 혁명의 정신이다. 왕이 다스리던 봉건 시대를 민중의 힘으로 끝냄으로써 생겨난 나라가 지금의 프랑스이다. 나는 프랑스 사람들을 떠올릴 때마다 하느님 나라를 사는 소시민의 자세를 되짚어 보곤 한다. 적어도 나 혼자 사는 것이 아니라는 생각, 내가 더 움켜쥐면 누군가는 덜 가질 수밖에 없고, 또 누군가는 아예 가진 것마저 뺏길 수 있다는 생각을 하며 사는 게 프랑스 사람들이 살아가는 방식이었다. 하느님 나라에 사는 것도 이와 다르지 않다. 하느님 나라를 떠올리면 선물로 받을 기쁨과 영광, 혹은 넉넉함을 많이 생각한다. 문제는 '내가' 받는 것에만 관심이 있고 '당신'이 받을 게 무엇인지는 고민하지 않는다는 것이다. 하느님을 믿어서 돈도 좀 벌고, 성공도 좀 하고, 남부럽지 않게 살고 싶은 생각을 얼마간 마음속에 품고 있는 게 사실이다. 그런데 마태 5,3.10을 읽어 보면 이런 생각은 조금 손질할 필요가 있음을 느끼게 된다. 마음이 가난한 사람이 하늘나라를 차지하고, 의로움 때문에 박해받는 이들이 하늘나라를 누릴 수 있다는 예수님의 말씀, '나' 위주의 삶을 사는 사람들에겐 낯설고 불편한 말이다. 선도 쌓고, 덕도 쌓으며 살면 하느님 나라에 들어갈 것 같은데, 가난하게 사는 건 왠지 거북한 것이다.

대개의 사람들은 가난한 이들을 돕자고 하면 좋은 일이라며 함께하길 원한다. 그러나 스스로 가난하게 살자고 하면, 두려워한다. 가난은 자기 몫이 아닌 가난한 이들의 몫이라고 여기기 때문이다. 제 이익과 재산, 그리고 명예를 일정부분 지켜나가고 싶은 욕망은 당연한 것이다. 가끔씩 사회 운동을 하시는 분들을 만날 때가 있는데, 그분들이 하시는 일이 좋은 일임을 인정하면서도 간혹 그분들과는 조금 다른 나의 견해나 비판적 생각을 내보이게 될 경우가 있다. 그러면 어떤 분들은 배타적 태도로 완고해지는 모습을 보인다. 좋은 일을 하시는 분들임에도 자신과 다른 견해, 자신의 가치에 비판적인 태도를 수용하기는 어려운 모양이다. 이런 모습을 세상은 굳이 부정적으로 보지 않는 듯하다. 사람이란 원래 돈이 되었건, 명예가 되었건, 권력이 되었건 그 가치에 대해 갈망하며 사는 존재라는 이유에서다.

하느님 나라를 지향하는 그리스도인이라면 이런 갈망을 버려야 한다고 스스로 채근하는 경향이 우리에게는 있다.

말씀 흔적

어떤 경우엔 갈망 자체를 죄악시하기까지 한다. 갈망만을 놓고 보면 좋은 것도 나쁜 것도 아닌, 그저 주어진 우리 본성일 뿐이다. 다만, 그 갈망이 어디를 향하는가는 계속 살펴보고 수정하고 또다시 살펴보아야 할 문제이다. 시편 24,1에 이런 말씀이 있다. "주님 것이라네, 세상과 그 안에 가득 찬 것들 누리와 그 안에 사는 것들." 알몸으로 태어나 옷 한 벌을 건진 인생에 굳이 '내 것'이라고 고집할 만한 것이 무엇인지 되돌아봄으로써, 우리의 갈망을 다듬는 것, 그것이 그리스도인이 해야 하는 일이다.

예수님은 이렇게 말씀하셨다. "나는 마음이 온유하고 겸손하니 내 멍에를 메고 나에게 배워라"(마태 11,29). 온유하다는 그리스 말 '프라우스(πραΰς)'는 물질적으로 가난하게 사는 이들을 가리킨다. 겸손으로 번역된 그리스 말 '타페이노스(ταπεινός)' 역시 윤리적 덕목으로서의 겸손이나 정신적인 차원의 삶의 태도만을 가리키는 것이 아니라, 밑바닥에 사는, 그러니까 사회적으로 힘도, 권력도, 명예도 누리지 못하는 삶을 사는 이들의 자리를 일컫는 말이다. 예수님은 스스로 자신을 낮추신 것이고, 낮은 자리를 갈망하신 것이다. '나'를 위해 사신 게 아니라, '너'를 위해 '나'를 뛰어넘는 강력한 갈망을 몸소 보여 주신 것이다.

가난한 이들에게 많은 선물을 줄 수는 있어도 스스로 가난해지는 데는 익숙하지 못한 우리가, 가난해지려고 작정하신 예수님의 뜻을 따르는 건 뭔가 모순된 일인 것도 같고, 너무 힘든 일이라 과연 그렇게 살아갈 수 있을지 두렵기도 하다. 그래서 늘 주저하며 성당에 가고, 레지오 모임에 가고, 성경 공부를 하러 간다. 예수께서 가난을 사신 것은 가난 자체를 목적으로 둔 것이 아니다. 가난을 만들어 낸 사람들과 가난한 이들을 업신여기는 사회를 비판하고, 그런 사회에서 하루하루 사는 게 힘든 이들과 친구가 되셨기 때문에 가난해지셨다. 이른바 '입바른 소리'를 하면 세상에서 힘깨나 쓴다는 사람들로부터 괴롭힘을 당할 테고, 그 괴롭힘은 대개 현실적이고 실제적인 가난으로 이어지게 마련이다.

말씀 흔적

돈에 대한 미련도, 권력에 대한 욕구도, 명예에 대한 욕망도 모두 내려놓고 방에만 틀어박혀 아무 일도 하지 않는 것이 가난한 삶은 아니다. 헐벗고, 목마르고, 배고프다고 해서 예수님처럼 사는 것은 더욱 아니다. 또한 없이 사는 현실에 만족하고 감사하며 사는 게 반드시 신앙적인 것만도 아니다. "너희는 원수를 사랑하여라. 그리고 너희를 박해하는 자들을 위하여 기도하여라"(마태 5,44)라고 예수님은 말씀하셨다. 또 사회적 금기를 깨뜨리는 가르침을 주신 경우도 다반사였다. 안식일에 병자를 고치셨고, 당시 사회에서 인간 취급 받지 못하던 어린이가 오는 걸 막지 않으셨고, 죄인과 어울려 먹고 마시기를 즐기셨다. 모두가 '너'를 향한 갈망이었고, 그 갈망 덕택에(?) 예수님은 가난해지셨고, 급기야 수난 받고 죽임을 당하셨다.

지금 돌이켜 보면, 프랑스를 떠날 때 '메르씨 보꾸'는 처음 프랑스에 발을 디뎠을 때 아무 생각 없이 내뱉었던 '메르씨 보꾸'와는 확연히 달랐다. 유학 내내 힘들었지만 뭔가 이루어 냈다는 기억, 아팠지만 가슴 한켠에서 올라오는 따뜻함의 기억, 그리고 무엇보다 낯선 이를 맞아들이는 프랑스 신자들의 자유, 평등, 형제애에 대한 기억이 '메르씨 보꾸'라는 짧은 말마디 안에 흠뻑 녹아 있었던 것이다. 자유는 '나'를 떠나 '너'를 향하는, 너를 통해 새로움을 얻어 누리는 새로운 창조의 행위를 가리키고, 평등은 나만 잘나고픈 갈망을 너와 연대해서 같이 폼 나게 살아 보자는 것이며, 형제애는 어떠한 처지에든 함께할 것이라는 자비의 마음을 담고 있는 말이다. 예수께서 공생활 시작에 하느님 나라가 왔다고 선포하신 건, 자유와 평등과 형제애를 실천할 자리가 바로 당신 안에서 펼쳐졌다는 사실을 세상에 알리신 것이다. 그런 예수를 갈망하는 사람, 바로 그 사람이 그리스도인이다.

다섯

회개

회개는 새로운 삶으로 옮아가는 것이 아니라
본디 모습을 복원하는 것이다.

머리가 무거웠다. 읽을수록 모호해지고, 모호해질수록 답답해졌다. 이번만 잘 넘기면 얼추 논문의 방향이 잡히겠는데, 도무지 길이 보이지 않았다. 마침 장 들로르므(Jean Delorme) 신부님으로부터 연락이 왔다. 함께 소풍을 가자신다. 리옹 가톨릭대학교 명예교수님으로 계셨던 장 들로르므 신부님께 논문에 대해 여쭤볼 심산으로 신부님을 따라나섰다. 일상을 비우긴커녕 머릿속에 논문 자료들을 잔뜩 쑤셔 넣은 채, 나는 신부님과 함께 몽블랑 쪽으로 가고 있었다.

이탈리아, 스위스, 프랑스가 나뉘는 지점이면서 몽블랑이 저만치 바라보이는 곳에 점심을 먹으러 자리를 잡았다.

"장 보스코, 저기 이정표 보이지?"

식탁이 펼쳐진 곳에서 멀지 않게 이탈리아와 스위스, 프랑스를 가리키는 이정표가 서 있었다. 신부님은 고민으로 찌든 내 얼굴을 지그시 바라보시며 말씀을 이어가셨다.

"누구는 이탈리아로 가고 싶고, 누구는 스위스로 가고 싶고, 또 누구는 프랑스로 가고 싶겠지? 예수란 존재는 내가 정한 목적지를 향해야만 만날 수 있는 분이 아닐 수도 있잖아? 예수는 아마 함께하는 자리를 위해 존재할 수도 있지 않을까? 저 이정표처럼…."

그랬다. 정말 그랬다. 요한 묵시록에 나타나는 어린양의 형상으로 논문을 준비하는 중이었던 나는 예수가 누구인지, 예수가 어떻게 규정되어야 하는지 답을 찾으려 애쓰고 있었고, 그래서 머리가 복잡했다. 어린양은 그저 '함께하는 존재'인데, 나는 나의 논리로 어린양을 규정하려 하고 있었다(묵시 5장 참조).

하느님을 따르는 신앙인에겐 하느님처럼 되는 것, 하느님처럼 완전하고 거룩하고 자비롭게 되는 것이 중요하다. 그래서 늘 '회개'에 목말라하고 회개하는 것으로 하느님께 조금이나마 가까워졌다며 자위한다. 헌데 찬찬히 지난 삶을 돌아보면 회개할 때마다 얼마간의 허망함은 늘 주위를 맴돌곤 했다. 열심히 했는데 응답이 없다, 희생했는데 보람이 없다, 노력했는데 결과가 안 좋다 등등. 그래서 회개는 하는데 힘이 빠지는 경우가 종종 있다.

왜 그럴까? 하느님을 향하는 것이 무엇인지, 하느님이 도대체 어떤 분이신지 몰라서가 아닐까? 회개는 하겠는데, 회개해서 나아갈 곳이 어딘지 곰곰이 따져 보면 딱히 떠오르는 개념이 없다. '완전함'이 제 삶의 인격적 성장인지, '거룩함'이 속세와 구분된 범접할 수 없는 윤리적 탁월함인지, '자비로움'이 온갖 폭력과 불의와 참상에도 온화한 미소를 머금을 수 있는 여유로움인지…. 우리가 향해야 할 것이 무엇인지, 그 참모습을 알지 못하는 건 아닐까?

그리스 말로 '회개'는 '메타노이아(μετάνοια)'다. 사순절마다 듣는 '메타노이아'의 뜻은 '돌아서다'이다. 이 말은 제 욕망이나 악함에서 벗어나 하느님께 돌아가는 삶의 변화를 가리킨다. 돌아서야 한다는 당위가 가능하려면, 먼저 빗나간 삶을 자각하는 게 필요하다. 구약의 이스라엘은 하느님을 떠나 불충의 시간을 보냈다고 자각하고 반성했다(2열왕 17,7-18). 예언자들은 날카롭고 직선적인 어투로 불충한 이스라엘 백성을 다그쳤고(에제 16장 참조), 하느님께 돌아오라며 재촉했다(이사 30,15; 55,7; 예레 18,11; 에제 18,30-32; 33,11 참조).

빗나간 삶이 있다는 건, 돌아갈 본디 삶이 있다는 의미이기도 하다. 회개는 새로운 삶으로 옮아가는 것이 아니라 본디 모습을 복원하는 것이다. 새로운 무엇이 되어야 한다는 논리에 묶여, 더 나은 내가 되어야 한다는 당위만을 되새기는 이들에게 회개는 자기계발을 위한 도구일 뿐이다.

신앙인의 본디 모습은 인간의 본래 가치와 다르지 않다. 아리스토텔레스 이후 수많은 철학자가 인간을 '사회적 동물'로 규정한다. 어디로 튈지 몰라 무섭다는 중2 학생들도 사회생활의 원리로 인간의 존엄과 공동선, 참여, 보조, 연대의 가치를 공부하고 실천한다. '함께' 사는 것이 가능한, 서로의 생각과 가치를 존중하고 배려하는 삶이 인간 됨의 기본이다. 인간은 본래 서로 되돌아보고 함께하는 '회개의 동물'이다. 잘 살아야 하는 일은, 실은 같이 살아야 하는 일이고, 그것이 곧 인간의 일이다.

루카 15장에 나오는 '되찾은 양', '되찾은 은전', '되찾은 아들'의 비유들은 회개의 좋은 예이다. 이 비유들은 잘못을 뉘우치고 반성한 이를 주인공으로 삼는 이야기가 아니다. 양이 길을 잃었고, 은전이 사라졌고, 아들이 아버지를 박차고 나간 상황에서 목자가, 부인이, 아버지가 잃은 것을 찾아 나서는 이야기다. 이를테면, 그것들이 본래 있던 곳은 양들의 무리였고, 부인의 수중이었으며, 아버지의 집이었다. 본래 자리로 되돌려 놓겠다는 하느님 아버지의 자비가 루카 15장을 관통하는 중심 주제다(이사 19,22-25; 30,15; 45,1-25; 66,18-21; 호세 2,9 참조). 하느님은 모든 이의 구원을 바라신다(1티모 2,4; 갈라 3,8). 회개는 함께하고자 하는 이의 품 안에 '묻지도 따지지도 않고' 의탁하는 무모함이지, 자기 계산이나 계획에 따라 스스로의 변화에 감탄하는 업적 쌓기가 아니다. 하느님이 바라시는 구원은 저 미래에 펼쳐질 무릉도원이 아니라, 태초에 만들어졌으나 역사의 흐름 속에 잃어버린 나를 찾는 일이다. 그러므로 제 삶을 단련시키고 제 삶의 처지에 민감한 의식을 갖는 건 회개를 위해 매우 중요하다. 말하자면 제 삶이 혼자서 이루어질 수 없다는 사실을, 나아갈 다른 세상이 있고 다른 존재가 있음을 인식하고 살아가는 예민한 삶의 자세는 회개의 기본이다(히브 6,4-8; 1코린 9,24-27 참조).

영국의 작가 새뮤얼 스마일스(Samuel Smiles 1812-1904)는 《자조론》(원제: Self Help, 1859년 출간)이란 책을 썼다. 이 책은 '하늘은 스스로 돕는 자를 돕는다'라는 명제를 앞세워 '보다 나은 내일의 나'를 꿈꾸게 만들었다. 그 결과, 많은 사람이 제 삶의 원래 가치를 잊었고 '같이'의 가치는 내팽개친 채 제 앞길만 보고 달렸다. 이러한 삶의 태도가 '지금은 아니야', '좀 더 노력해야 돼'라는 강박증이 되어 우리 신앙에서도 버젓이 횡행한다. '지금 함께함'으로 감사해야 할 신앙이, 멋진 나보다 소외된 이웃을 찾아나서야 할 신앙이 '내일의 나'를 위한 '제 밥그릇 지키기'가 되어 버린 건 아닐까? 하늘은 스스로 돕는 자를 돕지 않고, 서로 함께 돕는 자를 돕는다.

여섯

―

선택

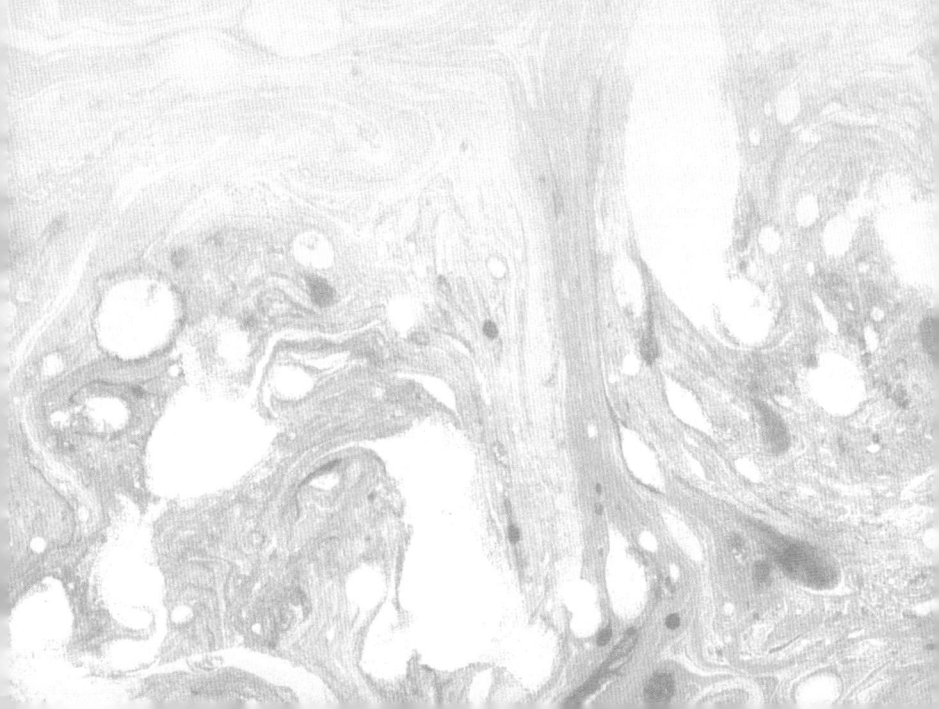

하느님께서 이스라엘 백성을 선택하시고
예수님이 제자들을 선택하신 뜻은 희생과 극기,
그리고 포기의 삶을 살라는 데 있지 않고,
그들이 제 모습으로, 제 고유한 꼴을 갖추고
자유롭게 살게 하려는 데 있다.

"무슈(monsieur)!" "무슈!"
한 직원의 다급한 목소리가 조용한 사무실을 가득 채웠다. 사무실을 빠져나오려던 난, 뒤를 돌아보았다.

"무슈! 잠깐만요, 뭔가 잘못된 것 같아요. 다시 자리에 앉아 보세요."

내가 머뭇거리며 돌아선 그 사무실은 리옹 가톨릭대학교 교학과였다. 장학금 문제로 짬을 내어 들렀는데, 뭔가 착오가 있다며 다시 나를 불러 세운 그 말 '무슈'는 우리말로 아저씨, 혹은 '누구누구 씨'였다. '여긴 가톨릭 대학이야,

근데 신부인 나를 왜 아저씨, 라고 부르지?' 속으로 의아해하면서 나는 다시 자리에 앉았고, 그 직원은 대화하는 동안 줄곧 나를 '무슈'로 불렀다.

"무슈, 한국은 OECD에 가입돼 있군요. 장학금은 가난한 나라에 지급되기 때문에, OECD에 가입한 나라 학생에겐 줄 수 없어요. 지난 학기엔 실수로 지급이 되었는데, 이번부터는 안 되겠습니다."

장학금을 받지 못하게 된 것도 약간 서운했지만, 그보다는 집에 돌아오는 내내 '무슈'라는 호칭 때문에 내 머릿속이 복잡했다. 단순히, 신부를 아저씨라고 불러서 기분이 나쁜 것만이 아니었다. '신부인 나는 어찌 살았기에, 세상 사람들이 다 편하게 부르는 호칭에 이리 민감한가?' 하는 자괴감에 머리가 무거웠다.

예수는 공생활 시작부터 제자들과 함께했다. "날이 새자 제자들을 부르시어 그들 가운데에서 열둘을 뽑으셨다"(루카 6,13). 예수는 불렀고, 뽑았다. 누군가의 목소리를 듣고 돌아서서 그에게로 가는 것, 쉽지 않은 일이다. 마르코 복음의 제자들 역시 재산과 가족을 내버려 둔 채 갓 서른을 넘긴 사내를 스승으로 믿고 따라나섰다. 재산과 사회적 지위가 삶의 전부가 아니라고 강변하면서도, 실은 그 알량한 재산과 지위에 목을 매고 사는 게 우리 삶의 민낯이라 그런지, 예수의 부름에 제자들처럼 응답하기는 애당초 불가능에 가깝게 느껴진다.

물론, 제자 됨의 자세가 적극적이고 주체적이어야 한다는 것을 가르치기 위해, 복음서가 주저하지 않고 예수를 따르는 제자들의 모습을 강조한 것이라 생각할 수도 있다. 다만 그 강조가, 단순히 버리고 희생하며 예수를 따르면 천상낙원의 안온함이 보장된다는 논리와는 거리가 있다는 사실을 기억할 필요가 있다. '선택하다'라는 그리스 말은 '엑크레고마이(ἐκλέγομαι)', 곧 '~로부터 구별하다'라는 뜻을 지닌다.

사도행전에는 이렇게 적혀 있다. "이 이스라엘 백성의 하느님께서는 우리 조상들을 선택하시고, 이집트 땅에서 나그네살이할 때에 그들을 큰 백성으로 키워 주셨으며, 권능의 팔로 그들을 거기에서 데리고 나오셨습니다"(사도 13,17). 하느님께서 이스라엘 백성을 선택하고 불러 세워 젖과 꿀이 흐르는 가나안 땅으로 이끄신 것은 그들이 올바르게 잘 살거나 사랑스러워서가 아니었다. 그들이 이집트에서 신음하고 있었고, 그들이 제 삶의 고유함을 살지 못했기 때문이었다. 제 이름으로, 제 주장으로 살아가려면 얼마간의 자유가 필요하다. 그래서 셋방살이는 사람을 눈치 보게 만들 수밖에 없고, 셋방에서 제 집을 얻어 나갈 때는 집이 생겼다는 기쁨보다 이젠 마음 편히 살겠구나, 하며 제 자존을 찾은 데서 오는 기쁨이 더 큰 법이다. 요컨대 하느님께서 이스라엘 백성을 선택하시고 예수님이 제자들을 선택하신 뜻은 희생과 극기, 그리고 포기의 삶을 살라는 데 있지 않고, 그들이 제 모습으로, 제 고유한 꼴을 갖추고 자유롭게 살게 하려는 데 있다.

이스라엘 백성이 선택받아 떠난 곳은 광야였고, 그들은 거기에서 하느님을 향한 신앙을 갈고 닦았다. 순도 100%의 신앙이란 없다. 이스라엘 백성은 모세에게, 그리고 하느님께 불평을 쏟아 냈고 다시 이집트로 돌아가길 바랐다. 배가 고팠기 때문이고, 현실이 고통스러웠기 때문이다. 선택받아 다다른 곳, 그 광야에서 백성들은 순수하지도 않았고, 올바르거나 정의롭지도 않았다. 예수가 뽑아 세운 제자들도 그랬다. "내가 너희 열둘을 뽑지 않았느냐? 그러나 너희 가운데 하나는 악마다"(요한 6,70). 제자들 사이엔 스승을 팔아넘긴 유다가 있었다. 유다를 대놓고 욕하며 다른 제자들을 숭상하는 것도 얼마간의 낯 뜨거움이 느껴진다. 마르코 복음에서 제자들은 예수가 죽으러 간다는데도, 누가 더 높은지, 누가 영광의 순간에 높은 자리를 차지할지를 두고 서로 다툰다. 심지어 베드로는 수난을 겪고 세상을 구원하려는 예수를 가로막으며 하느님의 일을 망치려 덤벼들기까지 한다(마르 8,32).

예수에게 선택받아 예수를 따르고, 그러면 그 따른 만큼 인격이 성장하여 더욱 훌륭해질 것이라는 논리는, 이집트에서 이스라엘 백성을 이끌어 낸 하느님을 거부하고, 열두 제자를 뽑아 세운 예수를 거부하는 논리가 아닐까? 역설적이게도, 예수에게 선택받은 제자의 삶은 노력하지 않고, 훌륭해지려 덤벼들지 않고, 제 가식의 틀에서 버티기를 포기하면 완성되는 삶이다. 다른 이와 달리 특별하게 선택받았다는 이른바 '엘리트주의'는 예수를 따르는 데에 걸림돌이 된다.

1베드 2,4-5을 읽어 보자. "주님께 나아가십시오. 그분은 살아 있는 돌이십니다. 사람들에게는 버림을 받았지만 하느님께는 선택된 값진 돌이십니다. 여러분도 살아 있는 돌로서 영적 집을 짓는 데에 쓰이도록 하십시오. 그리하여 하느님 마음에 드는 영적 제물을 예수 그리스도를 통하여 바치는 거룩한 사제단이 되십시오." 예수의 제자로 선택받아 하느님의 집을 짓는 데 필요한 돌이 되는 것은, 예수처럼 버림받는 길을 걸을 때 가능하다. 집을 짓기 위해 쓰일 돌이 제멋대로 굴러다녀선 안 된다. 집 짓는 이에게 맡겨져야 할 돌이 제가 있겠다는 곳에, 제가 있어야만 된다는 곳에 제멋대로 처박혀선 안 된다. 그런 돌은 집 짓는 이가 정말 내다 버릴 것이기 때문이다.

선택받는 것은 제 삶의 자리를 멀리서 바라볼 수 있는 여유와 직결된다. 저마다 삶의 지향과 그 지향에 따른 구체적 실천들은 다를 수밖에 없다. 이전투구와 약육강식에 가까운 경쟁과 대립은 우리를 하나의 삶의 방식에 집착하게 만든다. '돈이 있어야 행복하게 살 수 있어. 돈을 벌어야 해!'라는 논리가 언제부터 이리 광범위하게 우리 삶을 규정했는지 되돌아보면 알 수 있다. 각각 고유한 가치를 지닌 삶이 특정 계급이 누리는 삶의 형식으로 저울질 당하게 된 건 그리 오래된 일이 아니다. 내 어린 시절만 해도 지금과 달랐다. '돈이 중요한 게 아니야', '돈보다 사람이 중요해'라는 우리 어머니들의 정연한 가르침은 우리 삶 곳곳에 살아 꿈틀거렸고, 그래서 저마다 정말 중요한 것이 무엇인지 고민하며 자랐다. 하느님은 세상의 가난한 사람을 골라 믿음의 부자가 되게 하셨다(야고 2,5). 모든 걸 버리고 예수를 따르는 삶이 실은, 모든 걸 얻는 부유한 삶이라는 것을 인정하고 받아들일 때 우린 신앙인이 된다. 돈 없고 기댈 곳이 없어서, 돈 있고 기댈 곳을 찾아 헤매는 하이에나처럼 되어선 안 된다. 신앙도 마찬가지다. 아직 모자라고 부족하다고 제 식으로 찾아 나서고 쫓아다니면 예수를 만나지 못한다. 가난함을 유지해야 한다. 누군가 손 내밀 사람을 조용히 기다리는 여유가 필요하다.

'무슈'라는 말을 듣는 것이 아직도 난 익숙하지 않다. 내가 공부한 성경을 두고 다른 의견을 내는 목소리, 비판을 하는 목소리를 듣는 것엔 더더욱 익숙하지 않다. 제 아무리 대단한 공부를 했다고 한들, 듣는 귀를 잃어버린 이가 예수님의 참된 제자가 될 수 있을까? 그런데도 내게는 여전히 듣기 거북한 것들이 많다. 나의 고집과 우쭐거림 때문이다. 선택받고 싶으면 내려놓고 비워 내야 한다고 매일, 매 순간 나 자신에게 되뇌면서도 '무슈', 그 한 마디 말에 평정심을 잃는 것이 내 모습이다. 선택받고자 하면서 매번 스스로 선택하는 난, 뭣하나 싶다. 어느 영화 속 대사처럼, '뭣이 중헌디?' 하고 또 다시 묻는다.

말씀 흔적

일곱

의로움

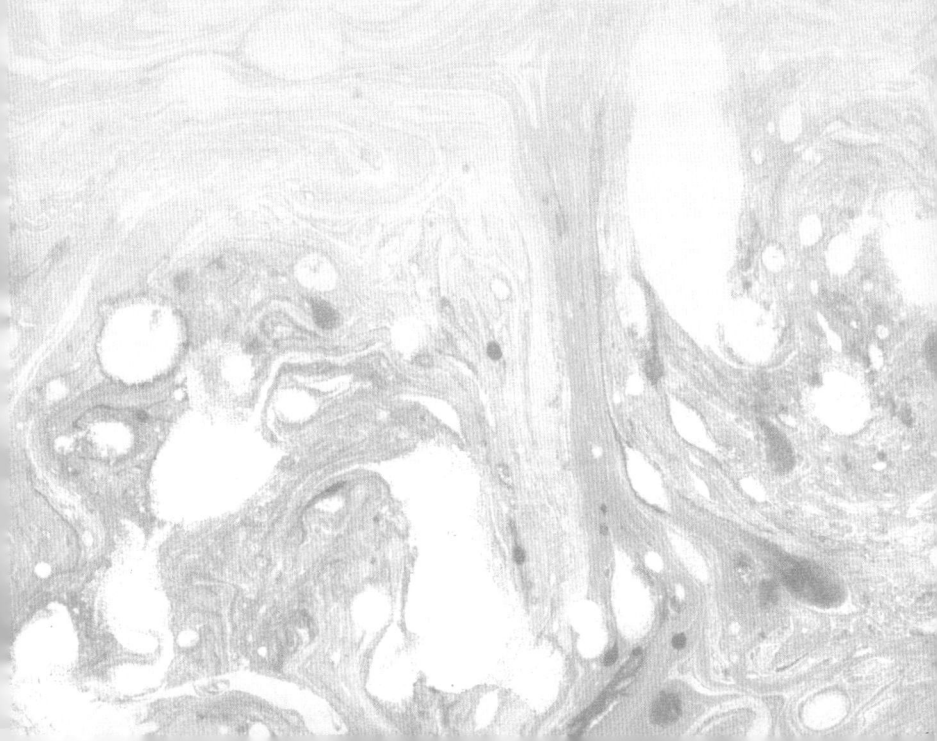

역설적이게도,
우리가 의롭게 살지 못하는 이유는
너무 의롭게 살려는 과도한 결기 때문이다.

한 친구를 만났다. 술 몇 잔을 들이키더니, 교회 내 복지시설의 악행에 대해 거듭 힐난한다. 부조리한 행태, 인권 유린, 잘못된 관행들에 대한 그 친구의 거침없는 비판에 공감하기도 했고, 때론 반감이 일기도 했다.

"교회가 어떻게 이럴 수 있냐? 악의 본질을 교회 안에서 보다니!"

"그래, 교회가 그래서도 안 되지만, 네 생각이 전적으로 옳지는 않아. 다른 이유와 상황이 있을 수 있잖아."

친구는, 당황과 실망의 눈빛으로 나를 쳐다봤다. '이 친구도 별 수 없구나. 역시 팔은 안으로 굽는구나' 싶은 모양이었다. 그랬다. 난 적어도, 우리 교회의 부족함은 인정했지만, 교회가 악의 본질이라는 말엔 동의하지 못했다. 그리고 무엇보다 정의와 불의를 무 토막 내듯 딱 잘라 말하는 그 친구의 호기에 적잖이 당황스러웠다.

몇 잔 더 마시고 그 친구와 헤어졌다. 친구는 차를 몰고 떠났다. 그 뒷모습이 아직도 내겐 씁쓸함으로 남아 있다.

신앙을 가진 사람이든 아니든, 적어도 '사람이라면' 이 정도는 지키고 살아야 한다는 게 있다. 금수만도 못한 사람이 되지 않도록 저마다 삶의 기준이 있을 테고, 다들 의롭고 선하고 아름답기 위해 얼마간의 노력을 하기 때문에 최소한의 사람다움을 유지하고 있는 것이라 생각한다. 다만, 무엇이 의로운가 묻는다면 그 대답에 있어서는 이견이 존재할 수 있다. 크게 두 가지로 나누어 볼 수 있을 것 같다. 이를테면, 많은 이가 옳다고 여기는 것을 받아들여 제 삶의 기준으로 지켜 나가는 공리주의적 윤리관이나, 적어도 인간이라면 이건 꼭 지켜야 한다는 정언적 명령으로 윤리와 도덕을 생각한 철학자 칸트의 입장 말이다.

둘 중 어느 것이든, 세상이 말하는 의로움은 '지켜야 할 무엇'에 대한 기준을 제시하는 데서 대략의 윤곽을 그려 볼 수 있을 것이다. 그렇다면 신앙인에게 의로움은 무엇일까? 신앙인에게 의로움은 지켜야 할 기준이라기보다는, 갈구해야 할 기쁨이라는 데 그 특징이 있다. 이 기쁨은 태초부터 인간과 함께하시는 하느님의 충실성에서 비롯된다. 하느님은 아브라함으로부터 시작해서 이스라엘 백성에게 하나의 약속을 하셨다. 어떤 경우에도 당신 백성을 위한 '땅과 후손'은 손수 챙기시겠다는 약속이다. 이스라엘이 가나안 땅을 조금씩 점령해 나갈 때도 그랬고(1사무 12,7-15), 이스라엘이 바빌론에 끌려갔을 때도 하느님은 당신의 약속을 저버리지 않으셨다(이사 41,10). 이스라엘에 대한 하느님의 일편단심을 성경은 '의로움'이라 말한다. 굳이 고쳐 말하자면, 지켜야 할 기준이 있는 게 아니라 만나야 할 대상을 껴안는 게 성경이 말하는 의로움이다. 그런 뜻에서 하느님은 당신 백성에게 충실하게 다가오셨고, 언제나 그 백성을 끌어안으셨기에 의로운 분이셨다(1요한 1,9).

이스라엘은 의로움을 살기 위해 율법을 선택했다. 이집트에서 탈출하여 가나안에 정착한 뒤, 켜켜이 쌓이는 역사의 장면들 속에 이스라엘은 무엇이 하느님의 의로움에 맞갖은 것인지 고민했고, 그 고민의 결과가 수많은 율법으로 재생산되었다. 바빌론 유배(기원전 587-537)는 율법을 소홀히 여겼던 이스라엘의 자기반성을 위한 시간이었고, 반성은 더 구체적이고 더 엄격한 율법의 준수를 부추겼다. 사제 계급을 중심으로 모세 오경이 편집되고 선포되었으며, 이스라엘은 얼마나 율법을 잘 지키느냐에 따라 의로움을 가늠하기 시작했다. 하느님과 그분 백성 간의 충실한 관계를 위해 율법 준수는 일종의 '정언명령'으로 가시화되기 시작한 것이다. 하느님을 갈망하며 그분의 뜻에 맞갖은 삶이 기쁨이어야 할 텐데, 율법은 조금씩 이스라엘의 삶을 옥죄는 심판과 단죄의 도구가 되어 갔다.

말씀 흔적

사도 바오로는 이런 이스라엘의 역사를 단 한 줄로 요약한다. "율법에 따른 행위에 의지하는 자들은 다 저주 아래 있습니다"(갈라 3,10). 율법의 역할이 죄의 유무를 판단하는 데 그친다면 율법을 지키느냐 아니냐의 문제에 골몰하게 되고, 급기야 공동체 구성원들을 '잠재적 범죄인'으로 취급하기까지 한다. 이를테면, 몸이 조금 아파도, 생각을 조금만 달리해도, 행동거지가 조금만 남달라도 죄인 취급을 받을 수 있다. 하느님과 그분의 백성, 그리고 백성들 서로 간에 누려야 할 연대와 친교의 기쁨인 의로움은 편협한 율법주의에 의해 변질된다. 율법에만 의지하고 율법이 지향하는 궁극의 존재가 누군지 잊어버리는 어리석음을 사도 바오로는 "저주 아래" 있는 것이라 힐난한 것이다.

참된 의로움은 지켜야 할 율법을 뛰어넘는 믿음과 신뢰 안에서 가능하다. 믿음이든, 신뢰든 상대를 통해서만 가능한 개념이다. 믿을 누군가가 있어야, 신뢰할 만한 그 누군가가 있어야 의로움은 이루어진다. 손뼉도 마주칠 두 손바닥을 필요로 하듯이, 의로움도 나 혼자의 노력으로 이루어지는 것이 아니다. 율법을 준수하고 행동거지를 바르게 하는 나만의 수덕생활이 아니라 그분의 뜻이 이미 내 삶 깊은 곳에 자리 잡고 있다는 사실을 깨닫는 데서 의로움은 시작된다. 율법의 실천은 이 친교를 사는 이들이 맺는 열매다. 사랑하는 이 앞에서 나쁜 짓을 할 수 없고, 존경하는 분 앞에서 버릇없이 행동할 수 없는 것과 같은 이치다.

역설적이게도, 우리가 의롭게 살지 못하는 이유는 너무 의롭게 살려는 과도한 결기 때문이다. 어떻게 사는 게 잘 사는 것일까, 늘 반성하고 되묻지만 그 해답 안에 슬그머니 쑤셔 넣는 게, 내 자존심일 경우가 많다. 잘 사는 건, 정확히 제 자존과 이익에 맞닿아 있어야 했다. 제 꼴이 망가지고 볼품없이 되는 걸, 잘 산다고 할 수 없으니 말이다. 더 잘 살기 위해, 잘 못산다고 생각하는 것들을 제거하기 바쁘고, 잘 사는 것에 대한 집착과 욕망 때문에 지금의 제 모습을 찬찬히 살펴볼 겨를조차 잃어버린다. 이것이 우리를 의로움에서 멀어지게 한다. "그러므로 너희는 '무엇을 먹을까?', '무엇을 마실까?', '무엇을 차려입을까?' 하며 걱정

말씀 흔적

하지 마라. 이런 것들은 모두 다른 민족들이 애써 찾는 것이다. 하늘의 너희 아버지께서는 이 모든 것이 너희에게 필요함을 아신다. 너희는 먼저 하느님의 나라와 그분의 의로움을 찾아라. 그러면 이 모든 것도 곁들여 받게 될 것이다"(마태 6,31-33).

예수님은 당신을 버림으로써 의로움을 이루셨다. 인간을 끝까지 신뢰하시고 그 신뢰의 끝을 어리석고 비천한 십자가 죽음으로 드러내셨다(로마 8,3). 예수님의 죽음은 그 흔한 희생이나 대속의 개념으로 정리될 성질의 것이 아니었다. 죄가 없으신 분이 스스로 죄인임을 자처하여 십자가를 지신 건, 의롭기 위해 피해야 할 죄까지도 껴안는 무한한 수용이고, 죄를 씻는 것이 아니라 죄까지도 감내하는 전적인 개방이었다. 예수 그분이 지향한 가치는 특별한 한두 사람의 구원이 아니라 만물의 구원이었기 때문이다. "만물이 그분 안에서 창조되었기 때문입니다. 하늘에 있는 것이든 땅에 있는 것이든 보이는 것이든 보이지 않는 것이든 왕권이든 주권이든 권세든 권력이든 만물이 그분을 통하

일곱-의로움

여 또 그분을 향하여 창조되었습니다. 그분께서는 만물에 앞서 계시고 만물은 그분 안에서 존속합니다"(콜로 1,16-17). 만물의 옳고 그름은, 만물의 상태와 형편에 따라 제각각일 테고 그만큼 판단 기준 역시 혼란스러울 테다. 제 눈에 들어오고 제 귀에 들리는 것들의 편린들 속에서 옳은 게 뭔지, 그른 게 뭔지 가려내고 정리하기는 힘들다. 그렇지만, 만물이 예수님을 통하여, 예수님을 향하여 방향 지워졌다는 것은 획일화나 규격화와는 분명 거리가 있다. 누군가에게 옳은 것이 다른 누군가에게는 틀린 것일 수 있고, 누군가는 의롭다 외쳐도 또 누군가는 불의라며 쌍심지를 켜는 게 세상이고 만물의 존재 방식이다.

예수께서 만물의 시작이자 끝이 되시는 것은 서로 다른 모든 것들을 한데 모아들이는 십자가의 삶 덕택이다. 죄인이든 의인이든, 병들었든 건강하든, 서로가 용서하고 다독이며 바라볼 수 있는 자리, 십자가에서 예수님은 의로움을 완성시키셨다. 그런 예수님과 더불어 의롭게 되는 길은 하나다. 갈라티아서는 그 길을 이렇게 말한다. "나는 하느님을 위하여 살려고, 율법과 관련해서는 이미 율법으로 말미암아 죽었습니다. 나는 그리스도와 함께 십자가에 못 박혔습니다. 이제는 내가 사는 것이 아니라 그리스도께서 내 안에 사시는 것입니다. 내가 지금 육신 안에서 사는 것은, 나를 사랑하시고 나를 위하여 당신 자신을 바치신 하느님의 아드님에 대한 믿음으로 사는 것입니다"(갈라 2,19-20). 이 구절을 되뇌일 때마다, 사도 바오로의 예수 사랑에 대해 묵상한다. 얼마나 사랑했으면, 얼마나 갈망했으면 예수께서 지신 십자가에 함께 못 박히고 싶었을까. 사랑은 개인적 노력 여하에 따라 주어지는 게 아니다. 사랑은 대상에 대한 무모한 의탁, 이를테면 끝없는 믿음으로 주어진다. 나는 이 사실에 얼마간의 안도감마저 든다. 지켜야 할 율법을 되새기고, 다듬어야 할 제 육신의 모난 점을 일일이 들추어내어 더 나은 나를 만드는 건, 사랑보단 수련에 가깝다. 사랑하는 사람을 떠올려 보라. 저절로 잘해주고 싶고, 저절로 마음이 가고, 또 저절로 가슴이 저릴 때가 많다. 내가 잘한다고 사랑이 영글어지는 게 아니다. 어머니들의 자식 사랑이 그렇고, 연인들의 사랑이 그러하며, 하느님의 사랑 역시 그러했고, 그러할 것이다.

사도 바오로는 의로운 이는 믿음으로 산다고 했다(로마 1,17). 그리고 그런 믿음의 삶이 기쁜 소식, 곧 복음이라 했다(로마 1,16). 사랑하는 이들 안에서, 무모하게 의탁하며 뭐든 내어 주려는 믿음 안에서, 의로움은 싹트고 완성된다. 따져보고 계산하면서 옳고 그름을 재단하고, 그것으로 함께할 사람과 그렇지 못한 사람을 구분하고 판단하는 게 우리의 일상이다. 늑대가 새끼 양과 함께 살고 젖먹이가 독사 굴 위에서 장난할 수 있는 세상(이사 11,1-9), 그리고 원수까지 사랑하고 비루하고 비천한 이들까지 형제자매로 여길 수 있는 세상, 그곳이 십자가를 지신 하느님 예수께서 보여 주시고자 한 의로운 세상이고 우리 그리스도인들이 머물러야 할 자리다.

그리하여, 나는 믿는다. 어찌되었건 '묻지도 따지지도 않고' 믿을 테다. 내 눈에 원수고, 사탄이라도 일단 믿고 사랑해 보련다. 그게 태초부터 이 세상과 함께하신 하느님의 뜻이라 믿으며…. 결기에 차 정의를 외치던 친구가 술을 마신 후 차를 몰고 간다는 역설, 그건 나를 포함한 모든 인간이 가지는 의로움의 자화상이다. 완전하고 절대적인 의로움을 외치지만, 제 삶의 부족함과 부조리를 인식하고 고백하는 데는 서툰 게 인간의 의로움이다. 서로 부족하기에 필요한 건 믿고 의지하고 토닥이는 것이리라. 그것이 참된 의로움을 향해, 또각또각 천천히 걸어가는 우리 신앙인의 의화, 바로 그 의화다.

여덟

성령

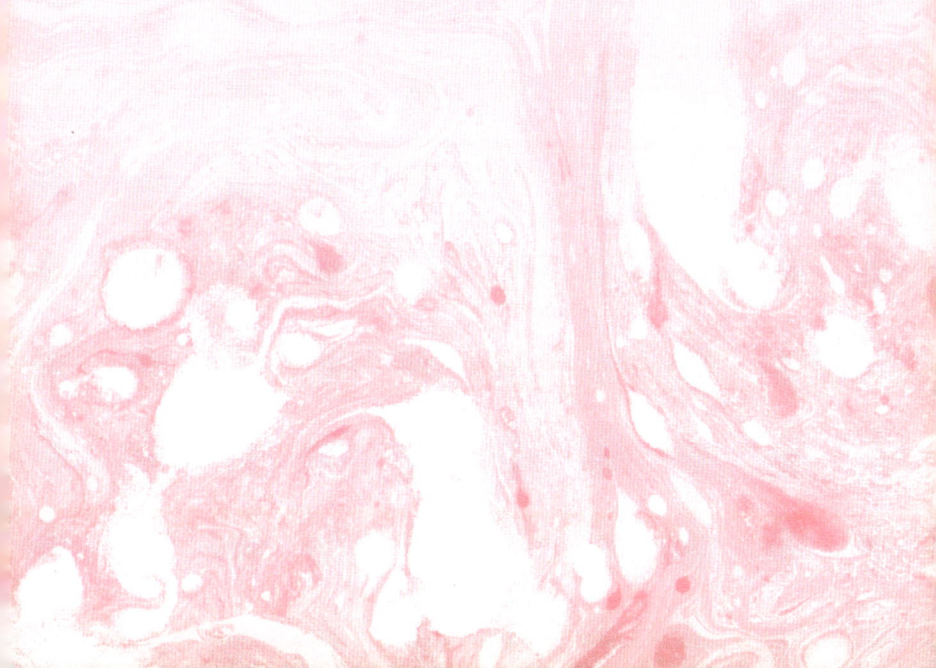

예수께서 하느님의 자리를 떠나
인간 세상 속에 인간과 더불어 사랑을 나누셨듯이,
성령을 통해 살아가고자 하는 우리 신앙인들은
함께 사는 것에 대해 정직하게 응답해야 한다.

"말 좀 들어, 오빠!"

제수씨는 동생을 '오빠'라 부른다.

"그래 말 좀 들어 봐라!"

나까지 나서 제수씨를 거든다.

"맨날 오빠는 내 말 안 듣고 혼자만 이야기해!"

뚱하게 있던 동생은 이렇게 말을 받는다.

"아니다, 듣고 있다. 맨날 나만 갖고 그래."

동생 부부와 만날 때마다 어김없이 등장하는 대화 패턴이다. 주로 동생을 핀잔하는 것으로 이야기는 마무리된다. 동생 말이 맞을 때도 있지만 대부분 제수씨 말에 힘을 실어 주는 편이다. 아무리 가족이라 다짐해도 '시'자가 붙은 남의 집안에 들어왔으니 그 자체로 힘들겠다 싶어 무작정 제수씨 편을 들기로 했다. 시아주버니라는 존재가 얼마나 어렵겠나. '시'자만 붙어도 마음이 콩닥거리고 쥐어짜듯 아플 수 있는데, 그런 '시'집에 편들 사람 하나 없으면 얼마나 서럽겠나.

살아가려면 한 가지 붙들고 지내는 무엇이 있어야 한다. 그것이 신념이든, 명예든, 물건이든 '이것 때문에, 이 맛에 산다'라는 것 하나는 지녀야 한다. 그 삶의 맛이 제 삶을 더욱 풍요롭게 하고 건강하게 한다. 우리 삶의 본질적 가치는 얼마나 사는가가 아니라 어떻게 사는가에 있다. 폐 속에 공기가 들락거리는 것을 삶이라 한다면 개돼지와 다를 바가 무엇이겠는가. 사는 건, 또 살아가려면 우린 사는 맛이 있어야 한다.

 신앙인에게 사는 맛은 무엇일까. 요즘의 신앙인이 제 삶에서 붙들고자 하는 건, 2000년 전 이 세상을 사셨던 예수님의 몸뚱어리도 아니고 천지를 창조하신 엘로힘 하느님의 가늠할 수 없는 전지전능함도 아닐 것이다. 다만 곁에서 함께 웃어 주고 울어 주고 다독일 수 있는 가족과 이웃과 지인들 속에서 '어렴풋하게나마' 더듬고 있는 하느님의 사랑을 붙잡고 싶을 것이다. 그리고 하루하루 버티며 시시비비를 따져 묻는 각박한 세상 속에 숨 한 번 돌릴 수 있는 여유를 찾으며, 생명과 참삶에 대해 진지하게 묵상하는 그 맛에 사는 게 아닐까.

내일 주어질 선물이 아니라 오늘을 사는 데 힘이 되는 건, 아무래도 성령을 빼놓고 생각할 수 없다. 성령을 생각할 때마다, 내가 나로서 산다는 것에 깃든 신비를 묵상한다. 태초에 하느님은 인간을 창조하시며 '숨'을 불어넣으셨다. 창조의 순간, 존재의 시작은 하느님의 '숨'과 인연을 맺는다. '숨'은 히브리 말로 '루아흐(רוח)'인데 생명의 힘을 가리킨다(창세 6,17; 7,15; 에제 37,10-14; 시편 104,29). 사람이 어떻게 생겨났느냐는 물리적·생물학적 질문이 아니라 존재 그 자체에 대한 사유가 '루아흐'라는 단어에 숨어 있다. '여기에 왜 있는가?', '왜 사는가?', '사는 게 뭔가?'와 같은 존재에 대한 사유는 육적인 것에 대한 저항, 또는 바삐 움직이는 일상에서 탈피하고픈 갈망으로 표현되기도 한다. 존재의 본질을 사유하고 갈망하는 일은 굳이 인문학적 소양까지 들먹이지 않더라도, 살아 있는 모든 이가 하게 되는 삶에 대한 묵상이다. '사는 게 거기서 거기지'라고 말하다가도 '사는 게 이래선 안 되는데…'라는 상투적 푸념을 늘어놓는다. 이런 것이 존재에 대한 철학자의 깊은 고민과 맞닿아 있다. 사는 것과 삶에 대한 사유 사이에 '루아흐', 하느님의 숨은 여전히 불어온다.

존재한다는 것, 그 자체를 기쁨으로 간직하는 복음서가 있다. 루카 복음이다. 루카 복음을 두고 대개의 주석서들은 예수께서 이 세상에 오신 것으로 구원의 완성을 노래하고 그 기쁨을 강조한다고 한다. 예루살렘 성전에서부터 시작하여 예루살렘에서 끝을 맺는 루카 복음은 성령의 역할을 유독 강조한다. 예수님의 잉태(루카 1,35), 예수님의 세례(루카 3,22)와 광야에서의 유혹(루카 4,1)을 성령께서 이끌어 주셨고, 갈릴래아에서 복음 선포를 하시는 예수님 곁에는 성령이 함께하셨다(루카 4,14). 이런 예수님의 사명을 이어받은 사도들 역시 성령을 통해 예수님의 증인으로 제 사명을 다했다(사도 1,8). 루카 복음에서 성령은 역사를 이끌어 가는 주체로서 역사 속에 살아가는 신앙인의 삶 자체가 천상의 하느님과 유기적인 관계에 놓여 있다는 사실을 인식하게 한다. 인식은 때론 추상적이고 모호하여 삶의 구체적인 실천으로 이어지는 데 한계가 있다. 그 한계를 뚫고 포탄처럼 이 세상에 박혀 버린 한 청년이 있으니, 바로 예수님이다. 예수님의 삶은 성령께서 이끌어 주신 삶이었다. 성령이라는 얼마간의 추상성과 모호성을 예수님은 당신의 삶으로 구체화하고 명확히 하셨다.

삶에 대한 사유와 실천은 '멈추면 비로소 보인다'는 한가한 사변적 이야기가 아니다. 멈출 수도 없는 사람들, 목구멍이 포도청이라 매일 매 순간 찬거리 걱정에 시달리는 사람들에겐 모욕적인 게 바로 '멈추면 비로소 보인다'는 논리다. 다시 루카 복음으로 되돌아가 보자. 성령께서 이끄시는 예수의 발자취마다 과부와 고아, 그리고 죄인으로 대변되는 사회적 약자의 삶이 도드라진다. 다른 복음과 달리 루카 복음은 예루살렘으로 올라가는 여정을 열 개의 장에 걸쳐 묘사하는데, 그 여정의 길목에 사회적 약자와 먹고 마시는 장면들을 주로 배치한다. 성령과 함께하시는 예수님의 여정은 사회적 약자 역시 세상 안에서, 세상과 더불어 살아갈 수 있다는 존재함의 고귀한 가치를 더듬도록 독자들을 초대한다. 돈이 있건 없건, 능력이 출중하건 아니건, 이 세상에 함께 존재하는 것만으로 기쁠 수 있다는 사실을 루카 복음은 가르친다. 그것은, 개인적인 삶의 수련이나 사회적 준거에 대한 각자의 이해나 승복으로 가능하지 않고, '우리' 삶에 대한 공동체적 연대를 통해 가능하다는 것을 성령으로 인도된 예수님의 삶이 입증한다.

사도 바오로는, 특정한 삶의 모델이나 기준이 아니라 각자의 구체적 삶이 지니는 다양성 안에서, 성령이 우리 모두를 일치시킨다고 분명히 말한다. "이 모든 것을 한 분이신 같은 성령께서 일으키십니다. 그분께서는 당신이 원하시는 대로 각자에게 그것들을 따로따로 나누어 주십니다"(1코린 12,11). '따로따로'라는 말마디에 주목하자. 사도의 정연한 가르침은 율법을 통한 획일화나 형식주의와는 거리가 있다. 대개 사람은 자신이 살아온 삶의 주류적 정신을 거슬러 살기엔 너무 나약하다. 현실을 핑계 삼아 주류에 편승하며 살아가는 것은, 대다수 민중이 사는 방식이다. 사도는 이런 주류와 현실을 뛰어넘는 모습을 보여 주었다. '율법으로 하나 되자!'는 구호가 난무하는 곳에서 율법만이 아니라 서로에 대한 믿음과 사랑, 인내와 노고로 함께하는 공동체를 설파하였다. '따로따로'는 사도 바오로가 가르친 공동체 정신의 백미라고 나는 말하고 싶다.

백이면 백이 다 모였다고 공동체가 될 수 없다. 하나가 되고 주류에 편승하는 건 편향적이고 편파적이며 획일적일 수밖에 없기 때문이다. 우스개 같지만 60대가 넘어가는 우리 어머니들의 머리 스타일을 보라. 도처에 미용실이 널려 있고 그 수를 헤아리기 힘든 디자이너들이 넘쳐 나지만 어머니들의 머리 스타일은 '뽀글이'를 벗어나지 않는다. 각기 제 멋을 낼 수 있는 세상, 그것이 '따로따로'의 세상이고, 그곳에서 성령은 일치의 자리를 만들어 낸다. 고유한 제 색깔이 사라진 곳엔 성령께서 굳이 계실 이유가 없다. 사도 바오로는 각자가 사는 그 멋과 맛에서 성령의 가치를 발견하였다.

사도 바오로는 '따로따로'의 세상이 아닌 율법으로 하나를 지향하는, 그래서 제 색깔이 사라진 '무리'를 향해 아주 강한 질책을 퍼붓는다. "아, 어리석은 갈라티아 사람들이여! 예수 그리스도께서 십자가에 못 박히신 모습으로 여러분 눈앞에 생생히 새겨져 있는데, 누가 여러분을 호렸단 말입니까? 나는 여러분에게서 이 한 가지만은 알고 싶습니다. 여러분은 율법에 따른 행위로 성령을 받았습니까? 아니면, 복음을 듣고 믿어서 성령을 받았습니까? 여러분은 그렇게도 어리석습니까? 성령으로 시작하고서는 육으로 마칠 셈입니까? 여러분의 그 많은 체험이 헛일이라는 말입니까? 참으로 헛일이라는 말입니까?"(갈라 3,1-4) 성령으로 시작한 삶은 자유로워야 한다. 굳이 나서서 '이렇게 살아야 돼!'라고 외치기보다는 이웃과 사회를 지그시 미소 지으며 바라볼 수 있는 연민을 지닐 때, 성령께서는 그 연민

안에 일치를 만들어 내신다. 육적인 것은 대개 자기중심적이 될 위험을 내포한다. 이건 육에 대한 비난이나 폄훼가 아니라 본디 육적인 것이 그러하며 육을 가진 인간의 한계, 그 자체다. 사도 바오로는 육에서 나오는 것들을 다음과 같이 정리했다. "육의 행실은 자명합니다. 그것은 곧 불륜, 더러움, 방탕, 우상 숭배, 마술, 적개심, 분쟁, 시기, 격분, 이기심, 분열, 분파, 질투, 만취, 흥청대는 술판, 그 밖에 이와 비슷한 것들입니다"(갈라 5,19-21).

육은 그냥 놔두면 자기중심적이 되고 결국에는 자신을 잃어버리는 노예의 삶이 된다. 자신의 껍질을 깨고 해방되는 순간 성령께서 참된 자유의 삶을 주신다. 요한 복음은 성령을 '파라클레토스(παράκλητος)'라고 칭한다(요한 14,26). '파라클레토스'는 '~을 향해 불리다'라는 의미를 지닌다. 예수님께로 불린 것을 깨닫게 하시는 분이 성령이시다. 예수님은 우리를 고아로 내버려 두지 않기 위해, 늘 예수께서 옆에 계시다는 것을 각인시키기 위해 성령을 보내 주셨다(요한 14,17-20). 그렇다! 성령이 계신 곳은 서로가 서로를 향한

'함께함'을 깨닫는 곳이어야 한다. 예수께서 하느님의 자리를 떠나 인간 세상 속에서 인간과 더불어 사랑을 나누셨듯이, 성령을 통해 살아가고자 하는 우리 신앙인들은 함께 사는 것에 대해 정직하게 응답해야 한다. 성령 세미나에 가서 박카스 마시듯 제 삶의 에너지를 받아올 게 아니라, 힘들고 아프고 슬프더라도 가족 안에서, 세상 안에서 더불어 함께하는 삶의 지혜를 터득하는 게 성령을 대하는 참된 자세다. 세상 모든 곳에서, 존재하는 모든 것 안에서 성령은 살아 움직이신다.

'어느 것 하나 예쁘지 아니한 게 없다. 모든 게 고귀하다. 어떤 모습으로 살든, 모든 삶이 눈물겹도록 아름답다.' 이렇게 되뇌이는 난, 오늘도 여전히 제수씨를 편드는 것으로 성령을 묵상한다.

말씀 흔적

아홉

———

구원 생명

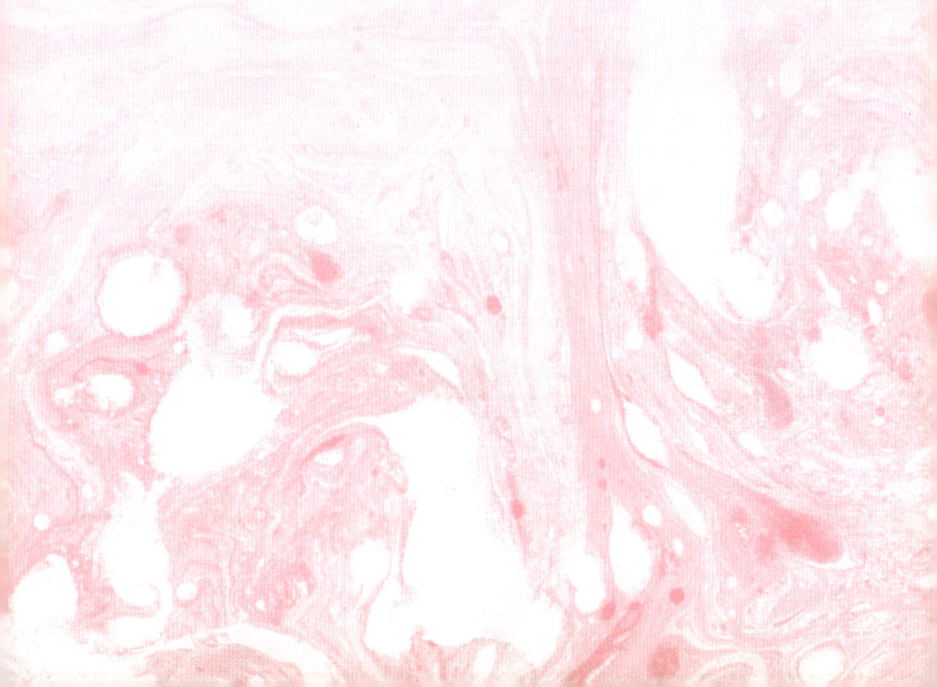

세상을 바라보는 시선이 투명하지 못하고
그 시선과 마음이 늘 뒤틀려 있어
본질을 살지 못하기에
구원은 멀리 있는 듯하다.

"신부님, 부탁이 있습니다."
어르신은 벼르고 있었다는 듯 진지한 표정으로 내게 말씀하셨다.

"성체 분배 때 표정이 너무 굳어 있어요. 밝은 표정으로 성체를 주셨으면 합니다."

어르신은 '파샤 할아버지'로 불리는 걸 좋아하셨다. 알프스 자락에 산장을 가지고 계셨던 어르신은 손주들이 당신을 '파샤 할아버지'라고 부른다고 하셨다. 프랑스 말로 할아버지를 '파파', 산장을 '샬레'라 한다. 앞 글자를 따서 어르신의 손주들이 '파샤'라고 할아버지 애칭을 붙인 모양이다.

"생명을 주시는 예수님을 전하시면서 어찌 표정이 그리 굳어 있습니까?"

그 후론 미사 때마다 웃지 않을 도리가 없었다. 저 멀리 줄 서서 예수님을 받아 모시러 오는 '파샤' 할아버지 덕에 미사 시간은 늘 미소 띠는 시간이었다.

그랬다. 너무 진지했다. 잘 사는 게 뭔지도 모르면서, 설사 안다고 해도 잘 사는 데 늘 부족하다는 걸 알면서도, 잘 살아야 한다는 강박에 굳어진 마음으로 매일매일 살아간다. 진지함이 지나치면 삶의 자세는 한 방향으로 고착될 수밖에 없는 것 같다. 성체가 귀하디귀한 하느님의 몸이라 여긴 나머지 성체가 주는 기쁨과 희열에 대해선 느껴 보지 못한 채 나의 얼굴은 경직되어 간 것이다. 기쁜 얼굴은커녕 급기야 내 얼굴이 누군가에게 슬픈 얼굴로 비쳐진 모양이었다.

예수와 함께한다는 건, 늘 새로워야 한다. "누구든지 그리스도 안에 있으면 그는 새로운 피조물입니다. 옛것은 지나갔습니다. 보십시오, 새것이 되었습니다"(2코린 5,17). '새롭다'로 번역된 '카이노스(καινός)'는 백화점에 나열된 '신상품'의 새로움을 가리키는 게 아니다. 지금껏 있었으나 보지 못했던 것, 여태껏 들었으나 듣지 못한 것에 대한 일종의 깨달음이 '카이노스'다. 늘 성체를 받아 모셨으나 기쁨이 배어나지 않았던 나의 얼굴은 '카이노스'를 살지 못했다.

새로움을 사는 것은 본질에 다가서는 삶이어야 한다. 하느님과의 관계 안에 머문다며 켜켜이 쌓아 놓은 율법의 뭉치들은 사람을 살리기는커녕, 단죄하고 억압하며 죽이기까지 했다. 예수는 그런 유다 사회를 질타했다(마태 23장). 죄인과 의인을 갈라놓고 죄인은 결코 용서받지 못한다는 사실을 되뇌이며 죄인의 삶을 처참히 짓밟았던 것은, 이방인이 아니라 하느님 백성인 유다인들의 소행이었다. 사도 바오로는 이렇게 말한다. "사실 할례를 받았느냐 받지 않았느냐는 중요하지 않습니다. 새 창조만이 중요할 따름입니다"(갈라 6,15). 창조는 모든 존재의 근본을 다시 성찰케 한다. 어떻게 살 것인가라는 방식의 문제가 아닌 살아 있음이 무엇인가에 대한 존재론적 사유를 불러오는 말이다.

존재에 대한 근본적 질문은 자기 삶에서 수덕의 정도를 따지는 문제가 아니다. 그것은 얽히고설킨 관계의 삶을 사유할 수 있는 겸허한 자세를 요구한다. 인간은 홀로 존재할 수 없다는 근본적 성찰은 시대에 대한 냉철한 답을 내리기 전에, 제 삶을 가꾸고 다듬어 나가기 전에, '나 혼자는 아무것도 할 수 없구나!'라고 타자에게 절박하게 외칠 때 가능하다. 관계로서의 삶을 그려 내는 데 요한 묵시록은 독보적인 가치를 지닌다. 요한 묵시록의 처음과 끝은 '생명'을 자주 언급한다. 이를테면, 일곱 교회에 보내는 서간들의 말미에 '생명 나무'(2,7; 22,2.14.19), '생명의 화관'(2,10), '생명의 책'(3,5; 20,12.15; 21,27) 등이 나타나고 요한 묵시록 말미의 '천상 예루살렘'에서 그 '생명들'은 다시 언급된다(20,12.15; 21,27; 22,2.14.19). 요한 묵시록의 생명은 하느님과 함께하는 삶을 일컫는다. 그 하느님은 인간의 모습으로 이 세상에 육화한 예수고, 어린양으로 상징된 예수는 모든 민족들이 함께하는 보편적 자리이다(묵시 5,9). 요컨대, 생명은 세상 모든 이와 하느님이 한자리에 모여 만들어지는 새로운 창조다. 서로가 예쁜 옷을 차려입고, 서로가 예의바른, 그래서 서로가 탓할 게 없을 만큼 순결하고 정갈한 만남이 아니다. 박해에 짓밟혀 헐벗고 피폐해진 민중이 오갈 곳 없어 백기를 들고 찾아든 것이고, 그 민중을 가엾이 바라보는 예수가 '묻지도 따지지도 않고' 품어 주는 것이다. 시대에 대한 올곧은 비전도, 제 삶에 대한 철저한 반성도 가지지 못한 철부지들, 그들이 엎어지고 매달리는 절박함으로 가득한 만남이 생명이다.

절박함은 세상 안에서 실패와 고통을 경험한 자들의 몫일 수밖에 없다. 사업이든, 건강이든, 그것을 이루지 못해서 나락으로 떨어진 이들이 보여 주는 절박함은 상상을 초월한다. 그들에게 '좀 더 노력해!', '걱정 마! 하느님의 뜻이 있을 거야!' 하고 말하는 건, 무자비한 폭력이 아닐까, 늘 조심스럽다. 새로운 생명, 새롭게 살아갈 힘을 주기 위해선,

기존 체제에 맞서거나 그로부터 해방되는 것이 필요하다. '현실이 그렇잖아!' 하고 말하기보다, '현실이 왜 이럴까?' 고민하는 데서 새로운 생명과 그로 인한 설렘이 생겨난다. 하느님에게서 받는 생명도 마찬가지다. 자비 가득하신 하느님께 무턱대고 내맡기는 자세는 실은 지금의 제 삶을 투명하게 내놓고 그 삶에 대해 찬찬히 사유하는 일이다.

요한 묵시록이 하느님과의 만남인 생명에 들어가기 위한 조건으로 내세우는 것은, "어린양의 생명의 책"(묵시 21,27)에 이름을 올리는 것이다. 대개의 사람들은 윤리·도덕적 삶을 '잘 사는 것'으로 이해하는 데 익숙해서, 생명의 책에 이름을 올리는 것을 수덕이나 수양의 차원에서 이해한다. 각자도생, 자기검열의 수준을 벗어나지 못하는 것이다. 생명의 책에 이름을 올리는 건, 현실 논리를 합리적이고 객관적인 선택이라 치부하며 삼았던 삶으로부터 돌아서야만 가능한 일이다. 예컨대 요한 묵시록 저자는, 신앙을 지키기 위해 구태여 로마의 현실 권력을 거부할 이유가 없다는 논리가 만연한 세상에서, 현실이 신앙인을 힘들게 하더라도 그 현실에 기대어 신앙인의 꼴을 잃지 않으려 노력하길 요구한다(묵시 13,4-10). 현실의 익숙함과 당연함으로 화석이 된 제 삶의 껍질을 뚫고 나오는 것, 그것은 결코 쉽지 않다. "너희는 좁은 문으로 들어가라. 멸망으로 이끄는 문은 넓고 길도 널찍하여 그리로 들어가는 자들이 많다. 생명으로 이끄는 문은 얼마나 좁고 또 그 길은 얼마나 비좁은지, 그리로 찾아드는 이들이 적다"(마태 7,13-14).

생명에로의 좁은 길로 가는 것이 어려운 만큼, 깊은 사유와 성찰이 필요하다. 스마트폰 속 짤막하게 스쳐 지나가는 뉴스 한 토막으로 세상과 현실을 사유하는 우리의 인스턴트 성찰로는 저 자신이 어디에, 무엇을 위해 존재하는지 살펴보는 데 한계가 있다. "네 손이나 발이 너를 죄짓게 하거든 그것을 잘라 던져 버려라. 두 손이나 두 발을 가지고 영원한 불에 던져지는 것보다, 불구자나 절름발이로 생명에 들어가는 편이 낫다. 또 네 눈이 너를 죄짓게 하거든 그것을 빼 던져 버려라. 두 눈을 가지고 불타는 지옥에 던져지는 것보다, 한 눈으로 생명에 들어가는 편이 낫다"(마태 18,8-9). '들어가다'로 번역된 그리스 말 '에이세르코마이

(εἰσέρχομαι)'는 상업적 수입 혹은 법정에의 출두를 가리키는 뜻으로도 사용된다. 생명에 들어가려면, 제 수입의 많고 적음에 신경이 곤두서는 것만큼 세심한 계산이 필요하다. 생명에 들어가는 건, 법적 책임을 짊어질 수도 있다는 위기감을 지니고 세밀한 전략으로 상대와 맞서는 것과 같다. 다만, 경제적 수입이 혼자만의 노력으로 이루어질 수 없고, 법정에서의 판단이 혼자만의 변론으로 유리할 수 없듯이, 생명을 향한 계산은 궁극엔 혼자만의 힘으로 될 수 없다는 겸허함을 고백하지 않을 수 없다.

그러므로 우리가 누려야 할 생명은 사회적이다. 생명은 상호 관계에서의 긴장과 협력, 갈등과 타협의 무한 반복 속에 제 본질적 삶의 가치, 곧 하느님에 의해 창조되었고 사람 서리 안에서 살아갈 수밖에 없는 사회적 존재로서의 인격적 품위를 잃지 않으려고 끊임없이 치르는 전투다. 성경은 신앙인들에게 그 전투를 예수님과 함께하도록 초대한다. 성경은 예수 그리스도를 통해서만 생명을 얻을 수 있다고 가르친다(요한 3,15; 로마 5,21). 예수님 덕택에 생명을 누린다고 확언한다. "사실 그 한 사람의 범죄로 그 한 사람을 통하여 죽음이 지배하게 되었지만, 은총과 의로움의 선물을 충만히 받은 이들은 예수 그리스도 한 분을 통하여 생명을 누리며 지배할 것입니다"(로마 5,17). 예수님은 세상 모든 만물이 정연하게 하느님 아버지께 되돌아가도록 당신 삶을 바치셨다(루카 1,16; 콜로 1,15-20). 하느님과의 관계 회복을 위해 예수님은 십자가란 죽음의 방식을 통해 전적으로 하느님께 의탁하는 모습을 보여 주셨다. 그리하여 생명은 스스로 지금의 삶을 하느님께, 모든 피조물에게 송두리째 내어 맡길 수 있는 무모한 증여, 곧 믿음에서 비롯된다. "그리고 여러분의 지체를 불의의 도구로 죄에 넘기지 마십시오. 오히려 죽은 이들 가운데에서 살아난 사람으로서 자신을 하느님께 바치고, 자기 지체를 의로움의 도구로 하느님께 바치십시오"(로마 6,13). 우리의 지체는 그리 순수하지도 정갈하지도 않다. 우리의 몸뚱어리가 의로움의 도구가 될 수 있는 건, 무턱대고 내어 맡기는 믿음으로 가능하다(요한 14,1). 각자도생의 길로서 선이나 정의를 지향하면서 육의 한계나 나약함을 단죄한다면, 믿음이 아니라 제 자신이 설정한, 혹은 현실 논리가 주도적으로 꾸며 놓은 가치 체제에 몰입되는 편협함을 재확인하게 될 뿐이다. 믿음은 하느님과 그분이 사랑하시는 모든 피조물을 향한 포괄적이고 개방적인 자세를 가리킨다. 몸뚱아리의 한계가 악하다고 저버리면 무엇을 제물로 바칠 것이며, 무엇으로 하느님께 예배를 드릴 것이고 무엇으로 이웃과 사회를 껴안을 것인가. 비록 나약하고 한계가 있다 해도 지금의 제 모습과 화해하는 자리, 지금의 제 모습 안에 이웃과 하느님을 초대하는 겸허함이 믿음이고, 그 믿음으로 생명은 새롭게 창조되어 늘 살아 꿈틀거릴 것이다.

세상을 바라보는 시선이 투명하지 못하고 그 시선과 마음이 늘 뒤틀려 있어 본질을 살지 못하기에 구원은 멀리 있는 듯하다. 어쩌면 우린 구원을 잊고 있었는지 모르겠다. 이미 있어 온 것을 누리지 못하는 건, 전적으로 우리의 실수다. 그 실수는 놀랍게도 진정으로 '이렇게 되어야 한다'는 당위성으로 가려져 있다. 성체를 받아 모실 때는 신중에 신중을 기해야 하며 웃음기 띠는 얼굴은 피해야 한다는 당위성, 그것이 구원을 멀리 있게 하는지 모르겠다. 파안대소하며 성체를 주고받는 모습을 상상해 보자. 우리의 행복하고 자유로운 상상 속에 구원은 멀지 않았다.

열

용서

살을 맞대고 일상을 살아가는
사람들 틈바구니 속에서,
우리는 하느님의 용서를 만나고 체험한다.

2005년 우리는 경주 남산을 내려가고 있었다. 벌써 5년째 친구로 지내는 프랑스 신부, 아르노 알리베르와 다닌 한국 여행이 벌써 보름이 다 되어가고 있었다. 잘생긴 얼굴 탓에 아르노는 가는 곳마다 주목의 대상이었다. 저만치 앞에서 산을 올라오는 두 아주머니의 눈에도 그랬나 보다. 연신 하트 모양의 눈빛을 아르노에게 보내며, 잘생겼다고 말하는 듯했다. 아르노는 그 아주머니들의 말이 궁금했던지 나에게 물었다. "저분들이 나더러 뭐라 그러는 것 같은데…, 뭐라고 그러셔?" "응, 그게…." 내가 답하려는 그 순간, 아주머니들과 좁은 산행 길을 두고 교차하게 되었다. "엘 종 빠흘레 드 뚜아. 엘 종 디

끄 뛰 에 시벨옴므(저분들이 너에 대해 이야기하는데, 네가 아주 잘생겼대)." 문제는 불어 발음에 있었다. 아주머니들 귀에야 다른 발음은 그저 소리일 뿐이었겠지만, '잘생겼다'라는 '시벨옴므'는 너무나 강렬하게 귀에 착 달라붙은 모양이었다. "잠깐만요!" 날카로운 목소리가 남산을 울렸다. "지금 뭐라고 하셨능교?!" 불어의 뜻을 서로가 알게 된 후, 아주머니들과 아르노, 그리고 나는 모처럼 한바탕 크게 웃었더랬다.

아르노는 경제학을 전공했고 대학에서 교수 생활을 잠시 하다가 신학교에 들어가 신부가 되었다. 그의 박사 논문은 그의 삶과 맞닿아 있다. 왕족 집안 출신으로 태어나면서부터 부와 명예를 지녔고, 대학 교수였던 부모님을 따라 자연스레 교수가 될 꿈을 키웠던 아르노는, 언제부터인가 자신의 집안이 싫어졌다. 일하지 않고 누리는 부와 명예가 싫었다고 한다. 그래서 아르노는 사제가 되어 가난한 삶을 사는 것이 세상에 대한 최소한의 도리라고 생각했다. 보좌신부 1년을 마칠 무렵, 아르노는 내게 말했다. "장 보스코,

나 수도원 들어갈래." 프랑스 교구 신부는 가난하다. 기초 생활 수급자보다 적은 생활비로 한 달을 버틴다. 그런 삶도 아르노는 부유하다고 여겼고, 보좌 신부 1년 후, 프랑스의 제법 큰 수도회에 입회했다. 유학 후 다시 찾아간 프랑스에서 아르노는 이렇게 말했다. "나 지금 너무 행복해. 한 달에 40유로(약 5만원)가 내 전 재산이야."

아르노의 논문을 한마디로 요약하면 이렇다. '내가 100원을 가진다면, 세상 누군가는 100원을 나 때문에 뺏긴 것이다.' 아르노는 이런 말을 한 적이 있다. "내가 사는 것 자체가, 누군가에겐 나쁜 것일 수도 있다." 이 말은 세심증에 휩싸인 이의 자조 섞인 자기비하가 아니다. 그는 진정 사는 걸 즐거워했고 늘 밝았다. 그는 누구보다 사람과 삶을 사랑했다. 그리고 나에게 장난 반 진심 반, 이런 말을 종종 했다. "빠흐돈네 무아, 뻬흐 장 보스코"(용서해 주실래요, 장보스코 신부님). 그는 용서하는 사람이 아니라, 용서받는 사람으로 늘 충실했다. 그는 여전히 부와 명예를 내던지면서 세상에 용서받기를 청하는 삶을 살아가고 있다.

용서라는 말을 곰곰이 생각하다 보면 뭔가 잘못된 것, 그 잘못을 저지른 누군가에 대한 기억, 그 기억으로 내가 얼마나 아파했는가에 대한 보상심리, 이런 것들이 떠오른다. 그래서 용서는 실은 나 스스로와의 고독한 싸움일 경우가 많다. '저 인간을 용서해, 말아?' 하며 혼자 맘 졸이며 매일을 힘겨워한다. 힘겨움에 지치면 용서가 때론 포기의 모습으로 결론이 나기도 한다. 예수는 자신의 죽음 앞에서 이런 말을 남겼다. "또 잔을 들어 감사를 드리신 다음 제자들에게 주시며 말씀하셨다. '모두 이 잔을 마셔라. 이는 죄를 용서해 주려고 많은 사람을 위하여 흘리는 내 계약의 피다'"(마태 26,27-28). 예수의 용서는 우리의 용서와 다르다. 우리는 제 옳음을 전제하고 남의 잘잘못을 이해하고 받아들이는 걸 용서로 생각한다. 예수는 계약을 위해 용서를 베푼다. 남의 잘잘못을 따지는 게 아니라 서로가 서로에게 열려 있기 위해 예수는 자신의 피로 용서를 베푼다. 저 옛날 노아와 계약을 맺으신 하느님은 인간의 나약함과 한계를 있는 그대로 받아 주셨다(창세 9장 참조). 하느님이 노아와 계약을 맺으신 건, 세상이 하느님의 말씀을 잘 들어서도 아니고, 세상이 회개해서도 아니다. 그저 세상과 함께 하고픈 하느님의 의지가 계약으로 드러난 것이다. 예수도 마찬가지다. 세상의 그름을 탓하고 그 불의를 제거해서 제대로 된 인간만 선별해서 용서하고자 피를 흘린 게 아니다. '모두'에게 자신의 피를 마시라 하고, '많은 이'와 함께 하고자 예수는 용서의 피를 흘렸다. 요컨대 예수의 용서는 수동적 이해와 포용이 아니라, 그 누구든 함께하자는 적극적 초대였다.

사실, 현대인은 죄라는 걸 두고 윤리·도덕적 차원에 국한해서 생각하는 편협함을 벗어나지 못한다. 사는 게 바빠서 남 해치지 않고 법이라도 지키며 사는 게 어디냐며 자위한다. 법이나 규범의 잣대를 들이대고 정의를 외치곤 하지만, 대개 법과 규범은 최소한의 관계를 위한 도구일 뿐, 적극적으로 이웃과 세상을 사랑하려는 이들에겐 부족하기 짝이 없다. "우리는 그리스도 안에서, 그리스도의 피를 통하여 속량을, 곧 죄의 용서를 받았습니다. 이는 하느님의 그 풍성한 은총에 따라 이루어진 것입니다"(에페 1,7). 속량은 그리스 말로 '루오(λύω)', 곧 '풀어 주다'인데, 히브리 말로는 '파타흐(פָּתַח)' 곧 '열다'라는 의미를 지닌다(창세 42,27; 욥 39,5; 시편 102,20). 예수는 열림과 풀림으로 다른 존재를 향해 포탄처럼 무작정 돌진한다. 그 대상이 죄인이든, 창녀든, 정치 모리배든, 사기꾼이든 일단 불러 세우고 열어젖힌다. 딱딱하게 굳은 마음을 비집고 들어가 사람의 삶이란 함께 살아야 맛이 난다는 사실을 일깨운다. 서로의 티끌을 따지다가 정작 사람 꼴을 잃어버리면 안 된다고 예수는 일곱 번씩 일흔 번이라도, 수도 없이 무한정 용서하라고 가르쳤다.

그리스 말로 용서하다는 '아피에나이(ἀφιέναι)'인데 '떠나보내다'라는 의미를 지닌다. 남의 죄를 탓하다가 그 죄 하나로 남의 모든 것을 평가하고 재단하는 나는 어쩌면 죄의 속박에 여전히 신음하는 노예인지 모른다. 떠나보내지 못해 붙들고 버티는 것은, 실은 이웃의 잘못이 아니라 잘못이라고 단죄한 내 완고한 마음의 짐인지 모를 일이다.

말씀 흔적

예수가 용서를 베풀고 가르치는 것은 하느님의 의로움을 이루기 위해서다. "하느님께서는 예수님을 속죄의 제물로 내세우셨습니다. 예수님의 피로 이루어진 속죄는 믿음으로 얻어집니다. 사람들이 이전에 지은 죄들을 용서하시어 당신의 의로움을 보여 주시려고 그리하신 것입니다"(로마 3,25). 하느님의 의로움은 죄를 제거하는 방식으로 이루어지지 않는다. 죄 없는 이가 속죄의 제물로 바쳐지는 방식, 함께 살면서 행여 서로에게 방해가 되지 않았는지 세심하게 제 삶을 통찰하는 방식으로 의로움은 완성된다. 옳고 그름을 따지기 전에, 우리 모두는 의로움에로 불렸고, 존재하는 그 자체로 모든 게 용서가 된다는 서로에 대한 무한한 사랑으로 하느님의 의로움은 완성된다.

용서는 어쩌면 모든 차별과 단절과 외면의 반대말이 아닐까? 용서는 어쩌면 모든 사회 계층의 화해와 일치의 또 다른 말이 아닐까? "예수 그리스도에 대한 믿음을 통하여 오는 하느님의 의로움은 믿는 모든 이를 위한 것입니다. 거기에는 아무 차별도 없습니다"(로마 3,22). 세상 모든 이의 화해와 일치의 용서는 이 지상의 일만도 아니다. "너희가 다른 사람들의 허물을 용서하면, 하늘의 너희 아버지께서도 너희를 용서하실 것이다. 그러나 너희가 다른 사람들을 용서하지 않으면, 아버지께서도 너희의 허물을 용서하지 않으실 것이다"(마태 6,14-15; 참조 18,35). 하루가 멀다 하고 제 구원과 건강과 행복을 위해 하느님께 빌고 비는 게 신앙인의 솔직한 본모습일 수 있는데, 하느님은 당신한테 빌지 말고 이웃과 사회에서 서로를 위해 빌라고 말씀하시는 것 같다. 하느님 앞에선 수없이 죄인이라 고백할 수 있지만, 당장 코앞의 불편한 이웃에겐 스스로 부족했다며 손 내미는 게 왜 이리 어려운지…. 하느님 앞에서만큼은 쉽게 죄를 고백할 수 있는 이유가, 그분이 지금 우리 삶과 직접 연관이 없다는 무의식이 우리 안에 들어 있기 때문이 아닐까? 하느님께서 늘 우리를 용서해 주신다는 신앙고백은, 실은 하느님께서 지금 우리와 함께 계시지 않는다는 실천적 무관심이 작동한 결과는 아닐까?

뒤엉켜 일상을 살아야 용서가 제대로 이루어진다. 저 옛날에, 저 천상에 하느님을 가두어 놓고, 이 지상을 살아가는 우리가 허구한 날 반성하고 용서를 비는 것은, 결코 용서하지도 받지도 않겠다는 완고함을 거듭 되새기는 일에 지나지 않는다. 살을 맞대고 일상을 살아가는 사람들 틈바구니 속에서, 우리는 하느님의 용서를 만나고 체험한다. 함께 살아가고 있다는 자체가 이미 용서고 화해며 일치다. 성인군자의 자비로운 웃음만이 용서를 대변하는 이미지가 아니다. 분노가 치밀어 얼굴이 울그락불그락 할지라도 어떻게든 연을 끊지 않고 서로를 붙들고 또 살아 보자 다짐하는 게 용서고 화해며 일치다. 단죄하는 속내를 숨긴 채 자비로운 척 손을 내미는 용서는 제 위신과 체면만이 중요한 위선자들의 보호 본능을 드러낸 것일 뿐이다. 더 이상 너와는 시끄럽기 싫다는, 더 이상 너와는 얽히기 싫다는 단절과 외면이 용서라는 이름으로 우리 인간들 사이에 행해지는 한, 하느님의 용서는 이 지상엔 없다.

아르노 알리베르, 그가 유학을 마치고 한국으로 돌아오는 나에게 준 선물은 몽블랑 볼펜이었다. 값비싼 포장에 반들반들한 윤기가 흐르는 볼펜이 아니라, 대충 쑤셔 넣은 듯

작은 종이 상자에 놓인, 이곳저곳 긁힌 자국도 있는, 볼품없는 몽블랑 볼펜이었다. 아르노는 몽블랑 볼펜과 함께 편지를 남겼다.

"장 보스코… '이 볼펜'은 내가 대학 시험에 합격하고 아버지로부터 받은 선물이야. 이 볼펜으로 경제학을 공부했고 석사와 박사 논문을 썼으며, 이 볼펜으로 신학을 공부했고 신부가 되었어. 내 삶이 담긴 볼펜이어서 너에게 선물로 주는 거야…. 장 보스코, 이제 헤어지는데, 난 너에게 기도 중에 만나자는 상투적인 인사는 하고 싶지 않아. 네가 한국에 돌아가 신자들을 만나고, 그들과 함께 먹고 웃고 즐길 때, 그들과 함께 아파하고 슬퍼하고 때론 갈등을 겪을 때, 지구 반대편에서 똑같은 일을 함께하는 신부가 하나 있다는 사실을 기억해 주길 바라. 장 보스코, 안녕."

용서는 누가 잘하고, 누가 못 하고라는 판단이 아니라, 우리가 어디서 어떻게든 함께 살아가고 있다는 사실을 깨닫는 이가 누릴 수 있는 사랑의 나눔이다. 나는 참 좋은 친구를 두었지만, 난 그 친구가 참 어렵다. 그만큼 해낼 자신도, 그만큼 살아갈 노력도 내겐 없다. 그래서 나도 말한다, 아르노가 지금도 말하고 있을 그 말을…. "빠흐돈네 무아(저를 용서하소서)."

열
하
나

해방 사랑

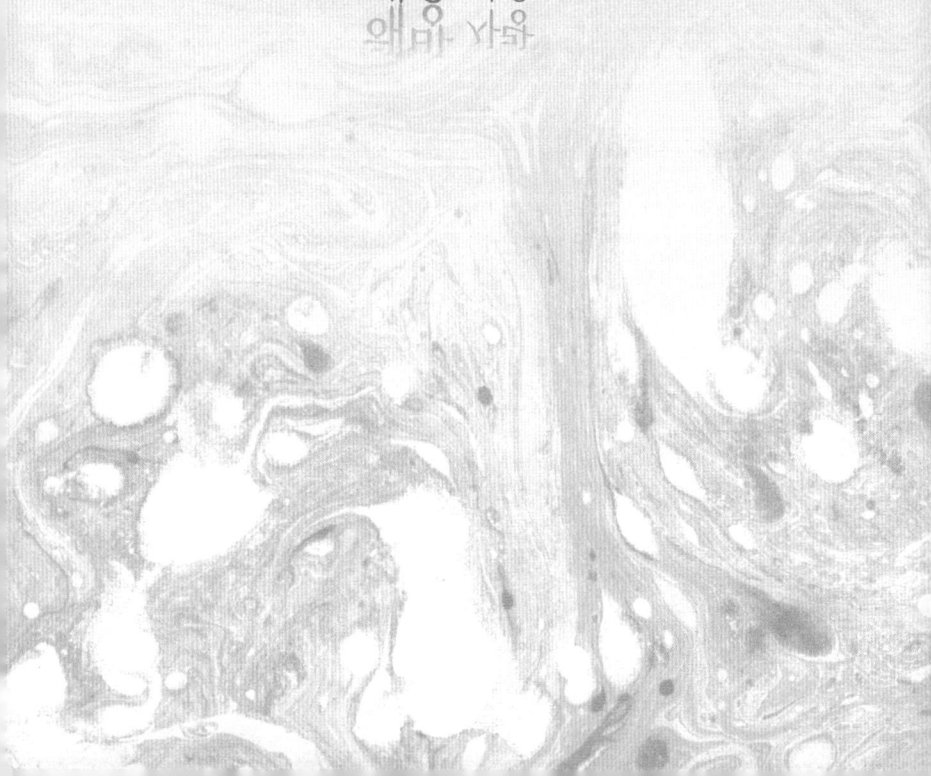

세상을 알고
세상 안에서 함께 숨 쉬며 사는 오늘이
나에겐 진정한 해방의 자리이자 사랑의 자리다.

성경을 공부하는 학교가 우리 교구엔 서너 곳 있다. 나는 그중 한 곳에서 강의를 맡고 있고, 그 외에도 이런저런 성경 공부를 신자들과 함께 하고 있다. 없는 시간을 내서 어떻게든 하느님 말씀의 뜻을 새겨듣고자 찾아오는 신자들의 열의는 감동적이다.

어느 날, 여느 때처럼 강의는 시작되었고, 몇몇 구절을 공부한 뒤 나는 국내의 크고 작은 사건들을 통해 그 구절이 오늘날 우리 사회에 어떤 의미가 있는지 설명하고 있었다. 그러던 중, 느닷없이 한 자매님이 손을 들고 말씀하셨다. "신부님, 성경 이야기 해 주세요! 저는 신앙적인 이야기 들으러 왔지, 세상 이야기 들으러 온 게 아닙니다." 순간 교실에 싸늘한 기운이 감돌았다. 난 어떻게 답할까 고민하기 시작했다. '신앙 이야기와 세상 이야기는 다른 것인가?' '신앙 이야기 속엔 세상 이야기가 끼어들 틈이 없는가?' 찰나의 시간 동안 나는 자매님의 의견에 대한 합리적인 답을 찾느라 헤매었다. '세상 속에 하느님 나라를 건설하겠다고 나선 교회가 언제부터 세상과 구분된 우리만의 또 다른 세상에서 하느님 말씀을 곱씹고 있었던가?' '우리가 믿는 하느님이신 예수님은 세상 안에 오셨는데, 우리는 왜 세상 밖에서 우리끼리 고귀하다고 하는가?' 숱한 질문들이 싸늘한 교실 안과 대비되어 내 머릿속을 뜨겁게 했다.

어쩌면 우리는 신앙이라는 이름으로 세상에 유폐되어 있을지 모른다. 교회 안에 세워지는 멋진 건물과 신앙의 이름으로 계획된 멋진 사업과 멋진 행사는 역설적이게도 우리 동네, 우리 도시, 우리나라에 벌어지는 일에 대해 우리를 무감각하게 만들어 버리는 건 아닌지 되돌아볼 일이다. 신앙생활을 성당 생활로만 국한한 채, 세상일엔 해탈한 도인과 같은 태도로 일관한다면 하느님 나라는 도무지 어디에 건설해야 할지 모르겠다. 지피지기면 백전불태라는데, 세상이 어떻게 돌아가는지도 모른 채 하느님 나라를 그 세상 안에 짓겠다는 생각은 어쩌면 철없는 객기에 가깝지 않을까?

그렇다고 하루하루 살아가는 삶의 짐이 버겁기만 한데, 그래서 성당을 찾아 잠시 호흡을 고르고, 다시 바쁜 현실에 부딪히기 위해 옷매무새를 고쳐 보는 시간을 가지려는데, 이웃을 챙기고 사회를 걱정하라는 교회의 가르침은 또 다른 짐으로 다가오기도 한다. 이쯤 되면 당연히 이런 질문들이 나와야 한다. '우리는 왜 이렇게 바쁠까?', '왜 늘 숨가쁘고 버겁게 살아야 할까?', '여유로운 삶은 애당초 우리에겐 불가능한 것일까?' 기존 세상에 순응하며 사는 게 대개의 서민들이다. 간혹 영웅이 나타나 부조리한 세상을 바꾸는 것을 보며 '사이다'를 마시듯 통쾌하게 여길 순 있어도 스스로 영웅이 되는 건 헐리우드 영화 속 이야기다. 결국 다람쥐 쳇바퀴 돌듯 살다가 어느 날 훌쩍 떠나고 싶은

열하나-해방(사랑)

마음, 잠시 모든 걸 내려놓고 이제 그만 쉬고 싶다는 마음은 늘 반복된다. 해방, 자유 …. 이 단어들은 일상에서 벗어나려는 우리 삶의 답답함을 방증한다.

해방과 자유라는 단어를 떠올리면 자연스레 구약성경의 탈출기로 시선이 옮겨진다. 광야를 헤매던 이스라엘 백성의 불평은 강렬했다. 죽고 사는 문제였기 때문이다. 이스라엘 백성은 이집트에서의 삶을 떠올리며 광야의 현실을 불평했다. 먹는 게 부실했어도 사는 데 지장이 없었던 이집트의 익숙한 시간들은 미래에 대한 그 어떤 희망이나 기대조차 가지지 못한 채 굶주림과 목마름으로 하루하루 견뎌야 했던 광야의 시간보단 나았다. 아무리 자유니 해방이니 해도, 이스라엘 백성은 이집트의 종살이가 오히려 더 자유로운 듯 여겼다. 이스라엘이 기존의 익숙함을 벗어나 진정한 해방을 만끽하는 데는 40년의 시간이 필요했다. 하느님은 그런 이스라엘에게 당신을 향한 자유와 해방을 지속적으로 이야기하셨다. 요컨대 탈출기의 해방은 두 가지 차원을 지닌다. 하나는 '~로부터의 해방'이고 다른 하나는

'~를 향한 해방'이다. 모세를 따라 나선 이스라엘 백성은 이집트 노예 생활로부터의 해방과 하느님을 향한 해방, 이 두 가지 해방을 이루어야만 했다. 해방은 익숙한 과거를 이겨 내는 시련이었고, 그 시련은 존재의 시작, 곧 하느님을 향한 고독한 여행이었다.

'~로부터의 해방,' 그리고 '~를 향한 해방'을 하나로 엮어 제대로 보여 준 이가 예수다. 예수는 인간의 모습으로 이 세상에 왔다. 예수는 하느님의 자리를 떠나 참 인간으로 이 세상을 향해 온전히 자신을 내어 던졌다. 두 가지 해방을 하나로 엮어 낼 수 있었던 예수의 힘은 하느님에 대한 사랑, 그리고 인간에 대한 끝없는 사랑이었다. "누가 내 말을 듣고 그것을 지키지 않는다 하여도, 나는 그를 심판하지 않는다. 나는 세상을 심판하러 온 것이 아니라 세상을 구원하러 왔기 때문이다"(요한 12,47). 프랑스의 비평가이자 시인인 샤를 피에르 보들레르(Charles Pierre Baudelaire)는 사랑을 이렇게 표현한다. "자기 자신으로부터 떠나가는 필요성(혹은 당위성) Le besoin de sortir de soi." 어쩌면 사랑은 진정한 자유로움일 것이다. 그 어떤 것에도 묶이지 않은 채, 자신의 목숨마저도 아끼지 않은 채, 다른 존재에게 끊임없이 내어 주는 것. 사랑이야말로 진정한 해방일 것이다. 예수가 보여 준 해방은 세상에 초탈한 모습으로 살아가는 도인의 극기와 수련으로 이룰 수 있는 것이 아니다. 버티고 참아 내며 세상에 눈길 한번 주지 않으려는 '독기'로는 진정한 해방은커녕, 제 기준으로 설정한 절제와 극기 속에 평생 노예 생활을 할 뿐이다. 예수는 유다 사회의 관습과 제도를 어지럽혔다. 안식일을 지키지 않았고 죄인들과 어울렸으며 심지어 창녀와 이야기를 나눴다. 인간에 대한 끊임없는 사랑, 그것으로 제 존재의 모든 것을 내어 던졌기 때문이다.

결국, 예수가 보여 준 해방은 '본디 인간됨'을 회복하는 여정이다. 인간의 삶을 이해하는 데 인간만큼 전문가가 있을까 싶지만, 인간만큼 삶에 대해 무지한 존재도 없을 듯하다. 인간의 삶에 대해 뭔가를 말한다는 건, '나는 누구인가?'라는 질문에 답하는 것인데, 제 삶이 무엇인지, 무엇을 향하는지 묻는 것이 '한가한 소리'로 여겨지는 지금의 대한민국에서 인간은 역설적이게도 자기 삶에서 철저히 소외된다. 인간으로서 소외되었으나 굳이 인간처럼 살아가야 하는 역설 앞에서, 삶에 대한 이해와 사유는 처음부터 불가능한 것이었을지도 모른다. 그 불가능을 '현실 논리'라 치부하며 본디 삶에서 비껴 사는 게 지금의 우리 모습이 아닌지, 인간이란 도대체 어떻게 살아야 하는지, 늘 궁금한 채 오늘도 살아가고 있다.

예수가 보여 주는 '본디 인간 됨'은 사랑을 실천하는 데 있다. "내가 너희에게 새 계명을 준다. 서로 사랑하여라. 내가 너희를 사랑한 것처럼 너희도 서로 사랑하여라. 너희가 서로 사랑하면, 모든 사람이 그것을 보고 너희가 내 제자라는 것을 알게 될 것이다"(요한 13,34-35). 삶이 바쁘다고 건강조차 챙기지 못한 채 여유 없이 살아가는 현실, 배달 음식을 재촉하고 시급을 받는 아르바이트 직원은 목숨을 건 오토바이 운전을 해야 하는 현실, 아이의 성공을 위해 어떻게든 더 빨리, 더 많이 배우게 해서 남을 디디고 일어

서게 하는 것이 부모가 보여 줄 수 있는 최고의 자식사랑이라 여기는 현실, 돈·권력·명예가 있어야 인간 꼴을 갖추고 살 수 있다는 착각으로 자신을 사회적 계급이나 직분과 동일시하는 현실, 이 모든 현실을 뛰어넘고 이웃과 사회를 조금씩 살펴보고 스스로를 사랑하는 것이 실은 하나임을 깨닫는 것, 이것이 '본디 인간 됨'을 사는 것이다.

우리가 지금의 삶에서 해방되지 못한 채 답답함과 절망과 피곤함으로 사는 건, 어쩌면 진정 사랑할 것을, 사랑할 사람을 찾지 못해서 떠도는 나그네 삶이라 그런 것일지도 모른다. 경쟁 가득한 세상에 사랑할 것과 사람을 찾아 나서는 건 종종 자신을 세상의 제물로 내어 바치는 꼴이 될 경우가 많은 게 사실이다. "내가 너희에게 이 말을 한 이유는, 너희가 내 안에서 평화를 얻게 하려는 것이다. 너희는 세상에서 고난을 겪을 것이다. 그러나 용기를 내어라. 내가 세상을 이겼다"(요한 16,33). 잘 알다시피 예수는 사랑한다는 이유로 세상 사람들의 손에 넘겨져 죽었다. 그런데 세상을 이겼다니, 역설이고 모순이다. 예수가 말하는 승리는 세상의 것과는 분명 다르다. 세상에서 고난을 겪는 것이 승리한 것일 수 있는 건, 세상의 체제나 현실의 논리를 회피하지 않는 용기를 지닐 때 가능하다. 온갖 고난 속에서도 예수는 세상을 끝까지 사랑했고, 그 사랑을 꺾지 못해 그 사랑을 회피하고 제거한 세상은 오히려 패배자다. 신앙인이 세상을 이기는 길은 세상이 아무리 잔인하고 각박하고 차가워도 그 세상을 결코 포기하지 않고 세상과 끝없이 하나 되는 사랑을 실천하는 것, 세상과 연인이 되는 것, 그것이다.

히브리서는 이런 사랑의 삶을 깨끗함이라 가르친다. 예수는 세상을 사랑하기 위해 자신의 피와 살을 나누는 죽음의 길을 걸었다. 죽음을 통해 사랑을 실천한 건, 실은 생명으로 나아가는 힘찬 발걸음이었고(히브 2,14-15), 그로 인해 삶의 의미와 가치를 깨달은 우리는 깨끗해졌다(히브 10,22). 깨끗함은 목욕탕에 들락거리는 일도, 내면의 정화를 위한 묵언수행도 아니다. 피와 살로 대변되는 척박한 세상살이를 하루하루 거쳐 나가는 것이다. 예수가 피와 살로서 살다가, 피와 살의 고통 속에서 죽은 것처럼 하루하루 그의 삶을 좇아 살아갈 때 깨끗해진다. 어쩌면 가족 안에서 이리저리 부딪히고, 이웃과 사소한 말다툼으로 가슴에 멍자국을 남기는 우리의 일상은 깨끗해지기 위한 힘겨운, 그러나 값진 정결의 자리임에 분명하다. 그 멍자국만큼 우리가 같이 산다는 걸 선명하게 확인시켜 주는 게 또 있을까. 같이 살기 싫어 도망치고 숨어 버리면, 그건 해방이 아니라 또 다른 감옥에 갇히는 게 아닐까.

강의를 할 때 가끔씩, 세상과 대립되어 또 다른 세상에 유폐된 이들을 만난다. 어떤 분은 이렇게도 말했다. "신부님, 신부님은 다 좋은데, 신앙이 없으세요. 세상 이야기를 하면 안 돼요. 거룩한 하느님 이야기만 해 주세요." 그분은 신앙을 세상 밖 어느 곳에서 만들어 가고 있음이 분명했다. 이 세상에서 매일같이 밥 먹고 자고 뒷간에도 가는 나는, 이슬만 먹고 사는 천사일 수 없다. 투표도 하고, 논쟁도 하고, 부족한 돈이라도 지니고 있어야 사는 데 지장 없다고 믿는 나는, 이 세상 안에서 하느님 말씀 전하는 일을 하고 있다. 나는 세상 이야기를 제외하고 하느님 말씀을 전하는 방법을 도무지 알지 못한다. 신앙이 있든 없든, 세상은 하느님이 육화하신 자리다. 세상을 사랑할 도리밖에 없고 그래서 난 사회 서적을 종종 읽곤 한다. 세상을 알고 세상 안에서 함께 숨 쉬며 사는 오늘이 나에겐 진정한 해방의 자리이자 사랑의 자리다. 무턱대고 그냥 사랑하고 살자. 부족하지만 그냥 사랑하고 살자. 모든 분노와 원한과 절망과 자괴감은 사랑의 힘으로 이겨 내자. "용기를 내어라 내가 세상을 이겼다"(요한 16,33).

열둘

공동체

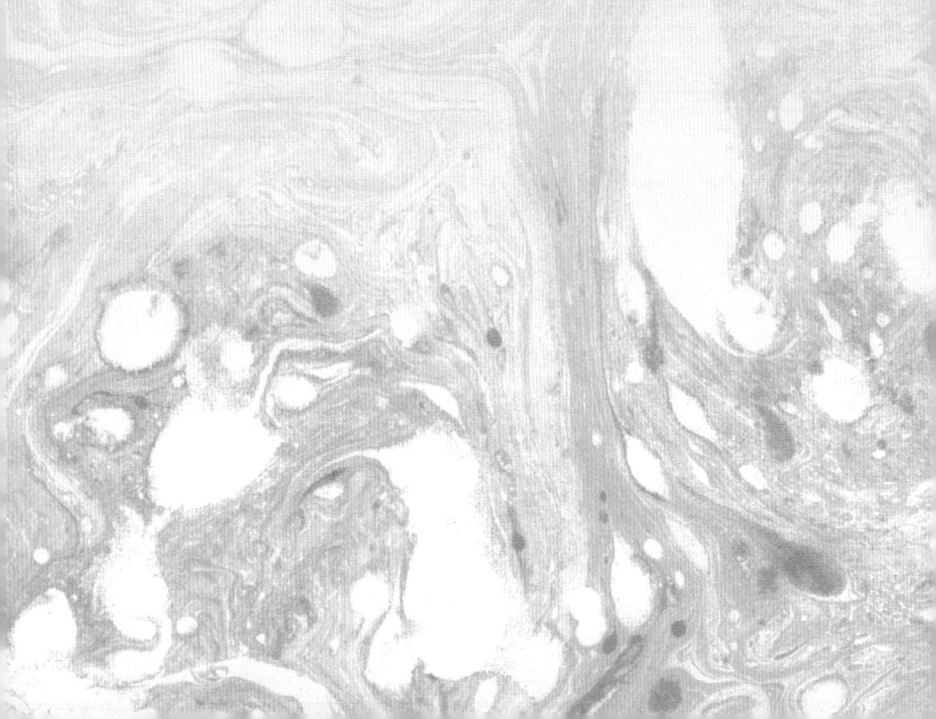

똑같은 색을 띠고,
똑같은 행동을 해야 공동체가 아니다.
서로 다름을 참아 주고 지켜봐 주는 것,
설사 그것이 내 속을 뒤집어 놓더라도 참아 주고
보듬어 주는 것, 그것이 공동체다.

"우리가 남이가!" 한 유명 정치인이 부산의 어느 식당에서 남긴 이 말은 한국 현대사에서 권위주의적이고 폐쇄적인 권력층의 잇속을 드러내는 위험천만한 말이었다. 그 대가로 일상을 살아가는 서민들의 인권이나 삶의 고유성과 주체성은 심각하게 짓밟혔다. 정치적 민주주의가 어느 정도 실현된 오늘, '우리가 남이가'라는 구호는 이제 단순히 지난날의 불편한 진실일 뿐이라고 할 수 있을까? 나는 선뜻 그렇다고 답하지 못하겠다. 총과 칼로 대변되는 권력의 아집은 끝이 났을지 모르겠으나, 97년 외환위기 이후 자본에 따른 권력의 집중 현상은 우리를 더욱 '하나(?)' 되게 만들었다. 속이 뒤집어져도 돈 있는 이, 돈을 줄 수 있는 이에게 머리를 조아려야 인간 꼴을 잃지 않고 살아갈 수 있다는 생각, 자신은 먼지 뒤집어쓴 채로 막노동을 해도 제 자식은 절대로 그 일을 시킬 수 없다며 어떻게든 공부시켜 남보다 잘살게 해야겠다는 생각이 더욱 팽배해지고 있다. 상위 5%만 들어갈 수 있다는 이른바 'SKY 대학'이 공부에 흥미가 있건 없건 모든 학생들의 로망이 되었고, 대부분이 특목고와 자사고 출신 강남 지역 학생들로 채워지는 그 5%의 공부 방식이 나머지 95%의 아이들을 키워 내는 당연한 방식이라는 생각이 우리를 철저히 '하나'로 엮어 놓았다. 행복하고 건강하게 인간답게 살기 위해서는 결국 '돈'이 있어야 된다는 암묵적 동의가 여전히 우리 사회에 존재한다면, 우리는 아직 '우리가 남이가'라는 논리에서 한 발짝도 벗어나지 못한 셈이다.

세상을 너무 비관적이고 절망적으로 바라보는 것 같은가? 잠시 숨을 고르고 '우리가 남이가'를 달리 생각해 보자. 남이 아니라 한 형제자매요, 서로가 연민과 사랑으로 다가설 수 있는 말로서 '우리가 남이가!'를 외칠 수만 있다면, 이건 꽤나 훌륭한 신앙적 구호가 될 수도 있다. 유학시절 한국에선 건배할 때 어떤 말을 하느냐고 친구들이 물었다. 재미로 '우리가 남이가'를 가르쳐 줬다. 잔을 부딪칠 때마다 내가 먼저 '우리가'를 외치면, 프랑스 친구들은 '남이가'를 따라 외쳤다. 뜻을 설명해 줬더니, 좋은 말이라며 다들 웃었다. 시민의식을 가진 프랑스 사람들은 '우리가 남이가'라는 말을 '우리는 서로가 연대해야 한다'라는 뜻으로 받아들인 것이다. 독재와 억압 속에 살아 온 우리는 그 말을 '튀면 죽는다. 2등 하는 게 안전하다'라는 뜻으로 받아들이는데…. 프랑스 친구들과 한잔할 때마다 '우리가 남이가!'라는 구호는 늘 씁쓸한 여운을 남겼다.

똑같은 색을 띠고, 똑같은 행동을 해야 공동체가 아니다. 서로 다름을 참아 주고 지켜봐 주는 것, 설사 그것이 내 속을 뒤집어 놓더라도 참아 주고 보듬어 주는 것, 그것이 공동체다. 세상은 같이 움직이는 데 아주 능수능란하다. 사실 이런 식의 '하나 됨'은 서로의 마음이 통해서라기보다, 이해관계에 따른 타협의 결과일 때가 많다. 타협과 갈등

사이의 긴장된 줄타기를 통해 겨우 구축해 놓은 삶의 조건이 흔들릴 때, 세상은 철저히 하나가 된다. 누구나 죽어 가면서 화장터가 제 동네에 들어오는 것을 결사반대하며, 누구나 쓰레기를 만들어 내는 데는 열심이면서 제 동네에 쓰레기 처리장이 들어오는 것은 죽어도 반대한다. 이런 현상들을 보면, 하나 되는 일에 어쩌면 그리도 열심일까 싶은 생각이 든다.

예수가 잡힐 때도 마찬가지였다. 예수를 잡으러 온 사람들은 복음서마다 약간씩 다르게 묘사되지만 그 속내에 있어선 철저히 하나가 된다. 예컨대 요한 복음에서는 예수의 제자인 유다와 군대, 그리고 수석 사제들과 바리사이들이 하나가 되어 예수를 잡으러 왔다(요한 18,3; 참조 루카 22,52). 수석 사제들과 바리사이들은 유다 사회 지도자 계급이었다. 대사제를 중심으로 한 수석 사제들은 로마의 권력에 부역하면서도 스스로를 하느님의 중개자, 하느님의 거룩함을 지닌 존재로 치장했다. 현실 권력을 쥐고 있었으니 민중은 그들의 말에 부복할 수밖에 없었다. 그러나 그들의 거짓과 위선을 민중이 모를 리 없었다. 반면, 바리사이들은 민중으로부터 존경을 받았다. 율법을 지켰고, 율법을 공부했으며, 나름 선비처럼 올곧게 살았기 때문이다. 바리사이들 눈엔 로마 권력에 아부하는 수석 사제들이 민족의 반역자로 비쳤고, 율법을 배반한 무리로 여겨졌다. 수석 사제들과 바리사이들은 저마다 하느님 백성으로서의 정당성을 주장하지만 실은 '원수지간'이었다. 그런데 희한하게도 예수를 잡기 위해서, 두 무리는 철저히 하나가 된다. 뜻이 달라도, 신념이 달라도 제 잇속을 위해 하나가 되는 것, 그게 세속이 말하는 공동체의 단면이다. 말하자면, 예수를 두고 수석 사제들과 바리사이들은 '우리가 남이가!'를 소리 높여 외친다. 예수는 '우리가 남이가!' 때문에 죽어간 것이다.

교회는 예나 지금이나 줄곧 공동체를 강조한다. 예수가 죽고 부활한 후에 교회 공동체는 조직과 제도를 갖추는 데 심혈을 기울인다. 예수의 삶이 남긴 수많은 가르침과 그 의미를 채 소화하기도 전에, 교회는 세상 속에 살아갈 태세를 갖추어야 했다. 사도 바오로와 베드로가 로마에서 순

교하고 나서는 더더욱 집안 단속이 필요했다. 박해의 긴장 속에서도 예수의 가르침과 사도들의 증언을 간직하며 믿음의 삶을 이어 나갔다. 요즘처럼 어떻게 사는 게 잘 사는가의 문제가 아니라 어떻게든 살아 내야 하는 게 초대 교회의 우선 과제였다. 그 과제는 세상과 논쟁을 하거나 저항하는 방식으로 이루어지지 않았다. 논쟁과 저항에 집중하다 보면 그 체제의 논리 안에 흡수되어 버리기 쉽다. 어렵게 생각하지 말자. '시부모 욕하다가 시부모 닮아 버리는 것'과 같은 이치다. 초대 교회의 집안 단속은 체제를 뛰어넘는 데 있었다. 예수의 삶을 본받아 살아가는 공동체는 세상과 타인을 꺾어 놓는 것이 아닌, 세상과 타인을 사랑으로 인내하는 것을 존재 이유로 삼았다. 예수가 그리 살았기 때문이다.

공동체의 중심은 당연히 예수 그리스도였다. "또한 만물을 그리스도의 발아래 굴복시키시고, 만물 위에 계신 그분을 교회에 머리로 주셨습니다. 교회는 그리스도의 몸으로서, 모든 면에서 만물을 충만케 하시는 그리스도로 충만해 있습니다"(에페 1,22-23). 사회적 제도나 체제는 부차적인 것이었다. 예수를 중심으로 한 공동체는 만물이 하나로 이어지는 일치였다. 하여 예수가 중심인 공동체는, 이해관계에 따른 구별된 무리나 특정 계급이 보여 주는 분리 의식의 산물이 아니다. 대개의 이단과 사이비 집단의 행동 방식은 분리 의식에 근거한다. 1세기 말엽부터 시작된 '몬타니즘'이라는 이단은 비그리스도교적 집단이 아니라 신앙 공동체 안에서 남보다 더 잘 살려는 의식, 이렇게 살아야 구별되어 구원받을 수 있다는 의식의 산물이었다. 현대에 이르기까지 수많은 이단이 있어 왔지만, 그 존재와 행동 방식은 몬타니즘과 한 치의 어긋남이 없다. 만물이 하나 되는 건, 만물이 다르다는 것을 전제한 다양성을 엮어 내는 사회적 연대다. "그리스도는 우리의 평화이십니다. 그분께서는 당신의 몸으로 유다인과 이민족을 하나로 만드시고 이 둘을 가르는 장벽인 적개심을 허무셨습니다"(에페 2,14). 예수를 중심으로 한 공동체는 장벽과 적개심을 허무는 데 그 가치가 있다. 어느 피조물 하나도 소홀히 대하지 않고, 제 신념이나 이상으로 이웃을 갈라 세우지 않는 것, 그것이 교회가 말하는 공동체의 근본정신이다. 체제를 뛰어넘는 것, 주류니 프레임이니 하는 것들에 목매달지 않는 것, 교회 공동체의 정체성을 찾느라 세상과 구별된 공동체를 만들어야 한다는 강박증에서 벗어나는 것, 그래서 교회는 폐쇄성을 경계하는 개방적 개혁을 통해 세상과 더불어 제 정체성을 꾸준히 가꾸어 나가야 한다. 세상보다 나아야 한다는 생각만큼 교회 공동체에 해로운 것은 없다. 교회는 세상보다 훌륭해서 만들어진 게 아니라 예수의 가르침에 따라 세상 안에 살기 위해 세워졌다. 예수의 제자들이 세상에서 훌륭하지도 않았고, 초대교회의 신자들이 세상보다 거룩하지 않았으며, 지금의 신자들이 세상보다 성숙하다고 볼 수 없다.

교회 공동체는 '우리가 남이가'를 외칠 게 아니라, 겸손과 온유로 인내하면서 서로를 받아 주는 노력을 연마해야 한다. "겸손과 온유를 다하고, 인내심을 가지고 사랑으로 서로 참아 주며, 성령께서 평화의 끈으로 이루어 주신 일치를 보존하도록 애쓰십시오. 하느님께서 여러분을 부르실 때에 하나의 희망을 주신 것처럼, 그리스도의 몸도 하나이고 성령도 한 분이십니다"(에페 4,2-4). 겸손과 온유는 지적 축적이나 단련으로 이루어지는 성숙한 이들의 덕목으로 이해할 것이 아니다. 가난한 상태를 유지하는, 또는 유지할 수밖에 없는 이들에게서 볼 수 있는 몸에 밴 자연스런 생활양식이다. 어떤 이들은 제 이해와 배려의 폭이 대양같이 넓어 세상 모든 것을 받아 낼 수 있는 여유와 품위를 겸손과 온유라고 생각한다. 그들의 겸손과 온유는 타인을 받아들이는 것인 듯하지만, 실은 '난 이렇게 깨달음으로 너를 받아들이는데, 넌 아직 옹졸하고 편협하게 세상을 사는구나' 하는 얼마간의 조소가 미소로 분하여 나타난 것이다. 어쩌면 그들의 미소는 절대 함께하지 않겠다는 너는 너대로 살되 나만은 건드리지 말라는 장벽과 적개심의 또 다른 표현일지 모른다. 참된 교회 공동체는, 옹졸하고 편협하더라도 제 한계와 부족함을 인정하고 '있는 그대로의 자아'와 화해하는 이들 안에서 가능하다. 의인이 아니라 죄인을 부르러 온 예수는 어쩌면 죄인을 부르고 싶어서가 아니라 저 혼자 깨달은 척 교만함을 자랑하며 의인이라 자처하는 이들이 답을 하지 않았기에 죄인 곁에 머무를 수밖에 없었던 것이 아닌가 싶다. 죄인이 겸손하고 온유하다. 스스로 아무것도 아니라서 받아들일 수밖에 없고, 스스로 능력이 없거나, 그 능력을 다져갈 여유가 없어서 낮아질 수밖에 없는 이들에게 교회 공동체는 주어졌다. 제 품위와 교양을 지키기 위해 자신의 속내는 감춘 채 의인인 척, 성숙한 척하는 이들에게 교회 공동체는 제 위신을 위한 도구일 뿐이다(3요한 참조).

얼마 전 샬트르 성바오로 수녀회 서울관구 수녀님들 연피정에 강의를 한 적이 있다. 수녀님들의 회칙 한 조항이 너무나 가슴에 박혀 지금껏 감탄사가 절로 나온다. "형제적 생활은 자신을 있는 그대로 지닌 채 자기를 이웃에게 열도록 초대한다"(《생명의 책》 37항). 제 삶의 고유성을 잃지 않은 채, 이웃에게 열린 자, 그에게서 교회 공동체의 진정한 가치를 발견한다. 지금의 제 모습을 바꾸기 위해 애쓰는 것이 실은 지금의 제 모습이 싫어서가 아닐까, 되돌아보아야 한다. 교회 공동체는 모두에게 찬사 받는 도인을 만드는 곳이 아니라, 서로의 부족함을 보듬어 주는 곳이다. 신앙적으로 잘 살기 위해 이런저런 기준을 만들어 모든 신자에게 강요하는 행태와 '우리가 남이가'라는 구호는 닮아 있다. 개개인의 고유성이 사라진 곳에 아무리 좋은 체제와 규범을 갖다 놓더라도 그건 인간의 공동체가 아니라 동물의 무리거나 쇳덩어리의 조합일 뿐이다. 교회 공동체는 지금의 나와 너의 우애로 이루어지는, 지금을 끊임없이 수용하는 곳이어야 한다.

열
셋

아래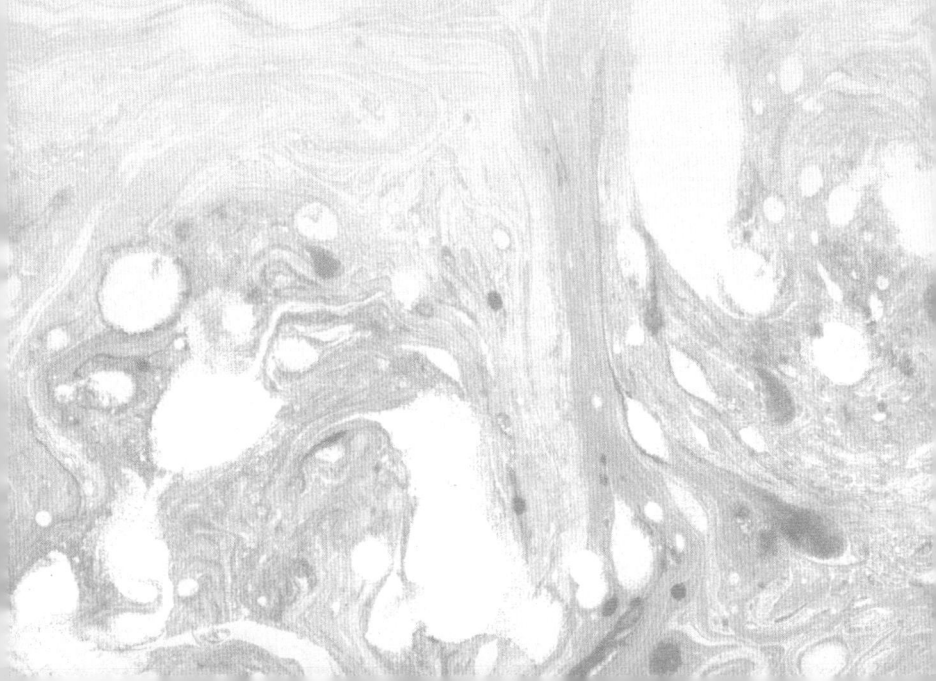

우리가 매일 숨 쉬고 살아가는
이 순간순간이 앎의 자리요,
앎의 목적이어야 한다.

성경 공부를 하면서 가끔씩 떠오르는 분이 있다. 돌아가신 서인석 신부님이시다. 신학생 때, 이른바 역사비평적 성경 해석의 논리 정연함과 거대한 학문적 성과의 벽 앞에서 피로감을 느낀 나는 서인석 신부님의 강의를 매우 좋아했다. 신부님은 교실에서 가르치실 때마다 "너희들 생각은 어때?"라는 질문을 자주 던지셨다. 읽을 수 있는 몇 안 되는 주석서에 의지하여 학문적 답변을 해야만 한다는 무의식적 습성에 길들여진 우리는 주저하며 답을 하지 못했고, 그럴 때마다 신부님은 우리 안에 역사하시는 하느님의 말씀을 길어 올리길 간절히 부탁하셨다.

예수님이 사셨던 땅과 그 땅의 문화와 정치, 그리고 사회적 조건들에 대한 공부는 필요했고, 필요한 만큼 엄청난 연구 결과들이 쏟아졌다. 숱한 앎의 축적은 학문의 상아탑을 만들기에 충분했고, 성경 공부를 한 사람들의 땀방울은 수많은 신앙인의 영적 자산으로 거듭났다. 다만, 외부로부터 주어지는 지식에 목말라하는 시대에서 제 나름의 생각과 신념을 표현하는 시대로 옮겨 온 요즘, 말씀이 우리 삶에 어떤 의미가 있는지 찾아 나서는 건, 선택이 아니라 필수가 된 듯하다. 저마다 성경 공부를 하러 다니고, 사회 속 인문학 열풍에 뒤질세라 성경의 인문학적 지혜를 얻고자 하는 이들은 갈수록 많아진다. 이천 년 전 세상에 대한 탐구가 아니라 지금 대한민국, 지금 내 가정, 내 이웃 안에서 말씀을 어떻게 살 수 있을지에 대한 고민이 무엇보다 절실히 요구되는 시대인 것은 분명하다.

"너희 생각은 어때?"라는 서 신부님의 질문은 성경을 나름 전문적으로 공부한다는 나에겐 지금껏 풀리지 않는 숙제와 같다. 사전이나 주석서를 뒤적거리며 얻어 낸 몇몇 성경 신학 지식으로 신자들을 대하고, 그들 사이에서 짐짓 학자인 척하는 나는, 내 마음 깊숙한 곳에서 뿜어져 나오는 말씀을 향한 희열을 아직 찾지 못했다. 내 얕은 머릿속에 가득하되, 내 얇은 마음 속 헛헛함을 더욱 부채질할 뿐이다. 뭐가 잘못된 것일까?

어느 날 수업 시간에 서 신부님께서 가히 충격적인 말씀을 하셨다. "내가 이제껏 배운 것들, 다 쓰레기였다." 사도 바오로의 말씀 한 대목을 빌려 와 당신의 겸허한 고백을 우리 신학생들에게 들려주신 것이다. "그러나 나에게 이롭던 것들을, 나는 그리스도 때문에 모두 해로운 것으로 여기게 되었습니다. 그뿐만 아니라, 나의 주 그리스도 예수님을 아는 지식의 지고한 가치 때문에, 다른 모든 것을 해로운 것으로 여깁니다. 나는 그리스도 때문에 모든 것을 잃었지만 그것들을 쓰레기로 여깁니다"(필리 3,7-8). 서 신부님의 '쓰레기'라는 표현은 자기비하나 과거에 대한 후회에서 터져 나온 게 아니었다. 거룩한 독서로 새롭게 말씀에 대한 사랑을 길어 올리시는 신부님의 설렌 표정이 그것을 말해 주고 있었다. 늘 새로운 앎에, 새로운 것에 귀를 기울이시는 서 신부님의 모습은 학자, 선생님, 그 자체였다. 유학 중 프랑스 리옹 가톨릭대학교 교수 신부님께서 서 신부님에 대해 이렇게 말씀하셨다. "그렇게 프랑스 말을 잘하는 동양 신부는 처음이었고, 그렇게 공부를 열심히 한 신부도 이제껏 만나 보지 못했다." 서 신부님을 스승으로 둔 나로선 더없이 기쁘고 자랑스러운 말씀이었다. "서 신부님의 제자라니까, 너도 그럼 공부 열심히 하겠구나"라는 교수 신부님의 말씀에 스승께 어떠한 누라도 끼치지 않으리라 다짐했었다.

사도 바오로는 잘나가던 율법학자였고, 이른바 왕족 집안인 벤야민 지파 출신이었고, 그리스 세계에서 고등교육을 받은 최고 수준의 학자였다. "하기야 나에게도 육적인 것을 신뢰할 수 있는 근거가 있기는 합니다. 다른 어떤 사람이 육적인 것을 신뢰할 수 있다고 생각한다면, 나는 더욱 그렇습니다. 여드레 만에 할례를 받은 나는 이스라엘 민족으로 벤야민 지파 출신이고, 히브리 사람에게서 태어난 히브리 사람이며, 율법으로 말하면 바리사이입니다. 열성으로 말하면 교회를 박해하던 사람이었고, 율법에 따른 의로움으로 말하면 흠잡을 데 없는 사람이었습니다"(필리 3,4-6). 그런 그가 자신이 배운 것이 쓰레기라고 말한 건, 겸손이나 자기비하가 아니다. 다른 '앎'이 있었기 때문에 그렇게 말할 수 있었던 것이다. 사도 바오로가 지향했던 앎은 그리스도를 통한 의로움이었다. "내가 그리스도를 얻고 그분 안에 있으려는 것입니다. 율법에서 오는 나의 의로움이 아니라, 그리스도에 대한 믿음으로 말미암은 의로움, 곧 믿음을 바탕으로 하느님에게서 오는 의로움을 지니고 있으려는 것입니다"(필리 3,8-9). 의로움에 대해선 앞에서 충분히 이야기했다. 의로움은 조화로운 관계에 대한 존중에서 시작한다. 존재하는 모든 만물의 고유한 가치를 훼손하지 않는, 그래서 서로가 서로를 위해 사랑할 수 있는 마음이 의로움이다. 사도 바오로의 앎은 스스로 잘나기 위해 제 머릿속에 차곡차곡 쌓아 올린 '소유하는' 앎이 아니라 서로를 향해 열려 있는 무한한 '가능성을 지닌' 앎을 가리킨다. 그 앎은 규정될 수도 없고, 설사 규정되었다 하더라도 늘 새롭게 다듬어질 것이다. 서로에 대한 존중과 관심, 그리고 사랑 안에서 늘 새롭게 주고받는 앎이기 때문이다. 말하자면 지금 나는 누구와 함께 살고 있는가, 다른 이의 말에 늘 귀를 기울이고 있는가, 이 질문에 대한 답이 긍정적일 때, 우린 사도 바오로가 깨달은 앎에 조금씩 다가설 수 있는 것이다.

사실, 우리가 어릴 적부터 익혀 온 앎은 대개 부분적이고 상대적이며, 어렴풋한 것들이다. "우리가 지금은 거울에 비친 모습처럼 어렴풋이 보지만 그때에는 얼굴과 얼굴을 마주 볼 것입니다. 내가 지금은 부분적으로 알지만 그때에는 하느님께서 나를 온전히 아시듯 나도 온전히 알게 될 것입니다"(1코린 13,12). 살아가는 동안 익히고 배우는 것들은 기존에 이미 있던 것들이며, 익힌 것들이 절대적이고 완전하지 않아 내가 아는 것이 전부가 아님을 겸허하게 인정할 때, 더 많은 앎을 만날 수 있게 된다. 겸허함이 빠진 앎은 대개 최신의 앎에 대한 맹목적 추종이나 유명 인문학자의 이론에 의존하는 기생적 앎으로 전락한다. 요즘

백화점이나 주민 센터, 그리고 도서관 등에서 열리는 인문학 교실에서 횡행하는 앎의 수준이 대개 그러하다. 제 삶의 처지와 상황에 대한 질문이 없는, 그저 있어 보이는 기존 앎으로 제 삶을 치장하려는 배움의 길은 일상을 살아가는 평범한 사람들의 의식을 쳇바퀴 속에 가두어 버린다.

성경 공부를 예로 들어 보자. 현대에 이르러 쏟아져 나온 수많은 주석서의 근간은 역사비평적 지식의 체계 안에서 대동소이하다. 그 지식의 결과를 나누어 주는 이들은 성경을 전문적으로 공부한 성직자나 수도자, 그리고 몇몇 평신도이다. 대개 성경 공부는 그들의 강의와 서적을 통해 이루어지고 그들이 없으면 제대로 성경을 읽지 못한다는 생각이 지난 세기부터 지금껏 우리 교회의 성경 공부와 읽기를 지배하고 있다. 어떤 성경 학교든 여전히 유명한 학자의 주석을 벗 삼아 수십 년 되풀이된 지식들을 언급하고, 거기서 성경을 배운 사람들이 제 삶의 실천적 자리인 사회문화적 문제에 대해선 지극히 무지한 모습을 보이는 것, 참으로 통탄할 일이다. 근본적 질문으로 돌아가 한 가지 스스로에게 물어보라. 성경을 왜 읽는가? 지금을 살기 위해서 아닌가? 어떻게 하면 제 삶의 처지 안에 하느님의 뜻을 심어 놓을까, 그 답을 찾아 나서는 게 성경 읽기의 목적이 아니던가? 역사비평이든, 또 다른 연구 방법들이든 성경의 올바른 의미를 파악하기 위한 다양한 학문적 노력은 필요하다. 다만, '지금 여기'의 삶의 처지와 그 처지의 인과관계에 대해 사유하지 않는 지식의 양적 축적은 성경을 살아 있는 하느님 말씀이 아니라 저 옛날 고고학적 문헌으로 취급하여 살아 계신 하느님을 그 틀에 쑤셔 넣고 가두어 버리는 왜곡을 가져온다. 간혹 예언서를 통해 예언자들의 시대적 희생과 사회적 비판에 대해 격정적으로 가르치는 이가 지금 우리 사회의 부조리와 갈등의 인과관계에 대해서는 무지한 경우를 본다. 이런 현상은 겸허함을 갖추지 못한, 삶을 사유하지 않는, 그래서 성경을 제 지식의 축적과 제 삶을 치장하는 액세서리로 이해한 결과다.

겸허함을 겸비한 앎의 기본은 온갖 앎이 난무하는 세상에서 여유를 지니고 사는 삶에 대해 사유하는 것이다. 이 세상 존재하는 모든 것이 어디서 왔는지, 또 어떻게 존재해야 하는지와 같은 철학적 질문은, 책을 읽고 유명한 학자의 이론을 습득하지 않은 평범한 사람도, 배우지 못했고 아는 게 없다며 손사래를 치는 저잣거리의 소시민들도 훌륭한 인문학자일 수 있음을 보여 준다. 이런 질문은 삶을 바꾸어 나간다. 이를테면, '예수는 얼마나 대단했던가! 어떻게 저렇게까지 자신을 내어 놓을 수 있을까!'라는 존경어린 감탄은 제 삶을 사유하는 자들에겐 '이렇게 살면 안 되는데…'라는 반성과 쇄신을 부추기고, 급기야 작은 것 하나라도 실천하고자 애쓰게 만든다.

존재의 근원이신 하느님의 절대적 가치를 지향하는 우리 신앙인들은 지금의 '어렴풋한 앎'을 마냥 맹종하는 자세를 거두어야 한다. 지금 아는 것이 상대적이고, 전부가 아니라는 생각이 사도 바오로가 말한 '어렴풋한 앎'이다. 우리 삶의 사소한, 그러나 의미 있는 일상에 대한 사유를 통해 어렴풋한 앎을 견제하고 그 부족함을 채워 나가야 한다. 우리의 하느님은 육화하신 하느님이기 때문이다. "아버지, 하늘과 땅의 주님, 지혜롭다는 자들과 슬기롭다는 자들에게는 이것을 감추시고 철부지들에게는 드러내 보이시니, 아버지께 감사드립니다"(마태 11,25). 철부지를 뜻하는 그리스말은 '네피오스(νήπιος)'인데, 문외한이나 무식한 아이를 가리킨다. 하느님에 대한 앎은 객관적이거나 대상적 앎일 수 없다. 하느님은 우리 한 사람, 한 사람을 고유하고 인격적으로 만나시는 분이기에 그렇다. 어떠한 앎이 없더라도 지금 있는 그대로의 모습으로 하느님께 다가서는 것, 제 삶이 비루하고 누추하게 보일지언정 그 현실에 집중하고 그 현실에 '왜?'라는 질문을 던지면서 늘 새롭게 제 삶을 반추하는 태도를 갖추어 나가는 것, 그것이 하느님을 알아가는 시작이다. 슬기롭고 똑똑하다는 건, 대개 세상이 옳다고 만들어 놓은 정답에 기댄 상대적 평가의 산물이다. 하느님을 향한 앎은 상대적 평가가 아니라 지금 제 자존에 대한 계속되는 고민이다. 철부지들은 이런 앎을 잘 만든다. 누가 뭐라 해도, 제 놀이에 빠져 철없이 혼자 떠들고 혼자 뛰노는 듯하나, 그들은 지금, 바로 그 자리를 전부로 알고 투신한다. 때론 투신했던 그 자리조차 언제 그랬냐는 듯 내던지고 다른 놀이에 빠져, 또 그것이 전부인 듯 깔깔

거리는 철부지들은 '못 말리는 망나니'가 아니라 제대로 지금을 알고 있고 지금을 배우고 있는 탁월한 학자임에 틀림없다.

사도 바오로는 이렇게 말한다. "멸망할 자들에게는 십자가에 관한 말씀이 어리석은 것이지만, 구원을 받을 우리에게는 하느님의 힘입니다"(1코린 1,18). 세상에서 걸림돌이고 어리석음으로 인식된 십자가가 힘이 될 수 있는 건 세상의 앎의 체제 내에 머물지 않는 지적 해방을 체험했기에 가능한 일이었다. 사도 바오로는 십자가를 통해 저 혼자만이 누릴 수 있는 고유한 체험을 이뤘다. 사도 11장은 다마스쿠스로 가는 길의 그 체험에 대한 이야기이다. 목숨과 같았던 유다의 전통 신앙으로부터 돌아서서 예수를 받아들이는 과정은 세상이 전해 준 지식을 통해서가 아니라, 여정 중 우연히 만난 박해받는 예수에 대한 인격적 체험으로 이루어졌다.

  하느님을 안다는 건, 그 하느님을 증언하러 이 세상에 오신 예수를 안다는 건, 일상을 살아가는 그 순간순간에 대한 체험과 그 체험을 통해 세상의 '정답'에 맞서 제 목소리를 낼 수 있는 이들의 몫이다. "'그러나 메시아께서 오실 때에는 그분이 어디에서 오시는지 아무도 알지 못할 터인데, 우리는 저 사람이 어디에서 왔는지 알고 있지 않습니까?' 그래서 예수님께서는 성전에서 가르치시며 큰 소리로 말씀하셨다. '너희는 나를 알고 또 내가 어디에서 왔는지도 알고 있다. 그러나 나는 나 스스로 온 것이 아니다. 나를 보내신 분은 참되신데 너희는 그분을 알지 못한다'"(요한 7,27-28). 예수를 잘 안다고 하는 이들이 하느님을 모르는 이 모순은 상대적 앎에 갇혀 주체적이고 고유한 자신의 삶에 대해 사유하지 않은 결과이며 제 삶의 곳곳에 함께하시는 하느님, 육화한 예수를 깨닫지 못한 채 다른 앎을 맹종하느라 제 존재에 대해서는 넋을 놓아 버린 결과이다. 멋지고 화려하고 영광스러워야 할 앎, 그것은 예수 시대 유다인들의 구원관과 직결되었다. 하느님은 영광스러운 임금으로 이 세상을 호령하시는 모습으로 오셔야 했고 현실을 어렵게 살아가는 유다 백성에게 '보다 나은 내일'을 보장해 주어야 했다. 그러나 예수는 다르지 않았나? 걸인,

미친놈, 술보, 먹보…. 유다 사회는 제 삶 안에 오신 하느님을 제 삶에 절대로 주어지지 않을 그들의 앎으로 거부했다. 그들의 앎은 실은 유토피아적 허상이었다.

하느님에 대한 앎은 실은 지금의 제 삶과 그 삶을 살아가는 자기 자신을 사랑하느냐에 대한 문제로 귀결된다. 아무리 대단한 학문을 공부한다 하더라도 자신을 사랑하는 마음이 없으면, 아무리 정의를 외친다 하더라도 제 가련한 삶에 대한 사랑이 없으면 그 앎은 교만이 된다. "그런데도 너희는 나에게 와서 생명을 얻으려고 하지 않는다. 나는 사람들에게서 영광을 받지 않는다. 그리고 나는 너희에게 하느님을 사랑하는 마음이 없다는 것을 안다"(요한 5,40-42). 예수에게 가서 생명을 얻으려고 하지 않는 것은 존재의 근본인 하느님에 대한 사랑이 없기 때문이다. 우리가 매일 숨 쉬고 살아가는 이 순간순간이 앎의 자리요, 앎의 목적이어야 한다. 비교와 경쟁으로 하루를 힘들게 살 것이 아니라, 지금 나의 자리에 대한 사랑으로 하느님에 대한 앎이 곧 지금의 나에 대한, 내 삶에 대한 앎이어야 한다는 사실에 민감해져야 한다. 그래서 서 신부님의 질문은 여전히 유효하다. "너희 생각은 어때?"

열넷

———

희망

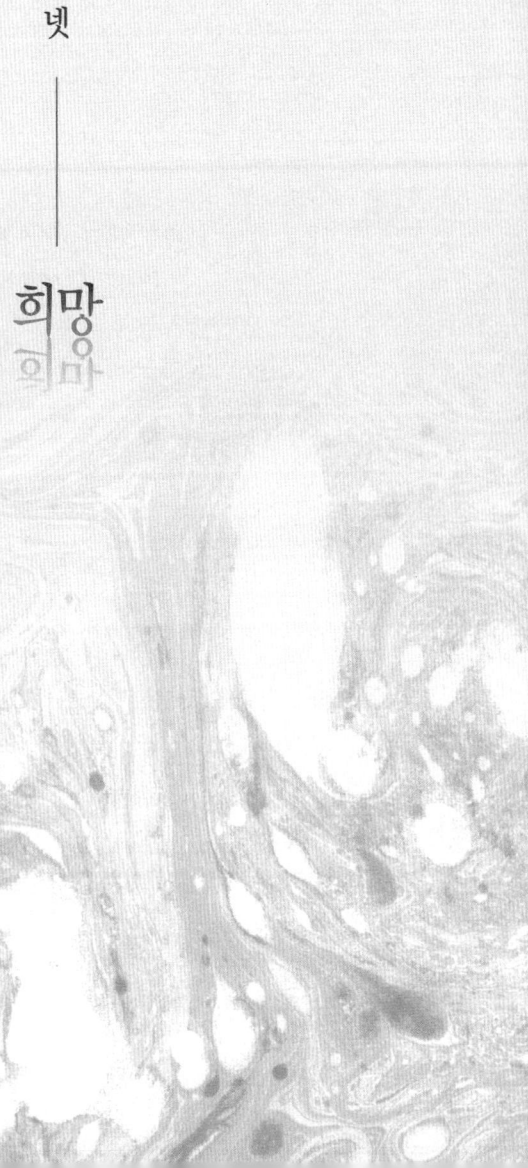

초대 교회 그리스도인들은
'이미' 오신 예수님을
하느님으로 고백하며 살았고,
'다시' 오실 예수님을 희망하며 살았다.

10년 세월을 타국에서 보내고 한국에 돌아왔을 때, '잘 살아보겠다'는 아우성이 너무 낯설고 당황스러웠다. 잘 사는 게 뭔지는 모르겠으나 윤리적으로, 신앙적으로, 사회적으로 잘 사는 데 모두들 바빴다. 실은 바빠 보이기보다, 자포자기로 보였다. 되는 일이 없으니까, 해도 해도 안 되니까, 그러니《아프니까 청춘이다》,《멈추면 비로소 보이는 것들》과 같은 책들이, 사람들 사이에 유행하며 지금의 실패와 좌절을 어느 정도 잊어버리게까지 했다. '지금의 실패와 좌절은 네 잘못이 아니니까, 내일을 기다리며 긍정적이고 희망적으로 살길 바라라'는 가르침들은 이렇다 할 자랑거리 없는 지금의 삶보다는 장밋빛 내일에 대한 기대를 더욱 부추겼다. 우리는 지금도 내일을 바라보며 오늘을 고단하게 살아가고 있다.

대개의 서민들이 바라는 것들은 소박하다. 저축한 돈의 이자가 조금 더 붙기를, 아기들 분유 값, 기저귀 값이 조금이라도 더 내려가기를, 주머니 속 휴대폰 기본료가 조금만 더 깎이기를 …. 이런 소박한 삶에서 천지가 요동칠 정도로 대박 나는 희망은 존재할 수도, 존재할 이유도 없다. 저마다 삶이 다르고 살아가는 의미가 다를진대, 대박 나야 할 희망은 대개 엇비슷하다. 돈을 많이 벌어야 한다는 것, 잘 사는 것의 결과와 희망하는 것의 종착점은 결국 돈이어야 한다는 데 이견을 가질 사람이 별로 없다. 그런데 가만히 보면, 돈이라는 것만큼 정직한 게 있던가. 번 만큼 수입이 들어오고, 쓴 만큼 통장에서 돈이 빠져나간다. 그리고 내가 노력한다고 갑자기 돈이 많이 들어오는 것도 아니다. 돈은 관계의 산물이라서 혼자 애쓴다고 주어지는 게 아니다. 이 모든 것을 알면서도 '돈 벌고 성공해야 돼!'라는 혼자만의 목적의식은 너무나 뚜렷하다. 뚜렷한 만큼 지금 우리 삶은 열등감과 자괴감, 혹은 질투와 짜증으로 범벅이 되어 스러져 가고 있을지 모른다.

오늘과 내일의 괴리를 한국 사회는 희망이라 부르는 것 같다. 오늘은 열심히 일해야 하는 날이고 내일은 그 열심의 장밋빛 결과를 받아 누려야 할 날로 규정한다. 다만, 그 '내일'은 언제나 부족한 '오늘'의 연속일 뿐이고, 우리는 그 '내일'에 결코 도달하지 못한다는 건, 일상의 경험으로 알 수 있을 뿐이다. 우리의 아버지들이 그렇다. 나는 매달 아버지께 10만원씩 용돈이랍시고 드린다. 좀 더 드리고 싶으나 신부가 큰돈을 드릴 능력은 없고, 10만원 정도는 아버지에 대한 최소한의 도리라 생각하고 드린다. 그런데, 친구 분들과 맛난 거라도 사 드시길 바라며 드리는 그 10만원을 아버지는 모으신다. 왜냐고? '내일'을 위해서란다. 조카들의 '내일'을 위해, 조카들이 학교 들어갈 때, 보태시려고 모으신단다. 아버지의 '오늘'이 결코 누리지 못할 당신의 '내일'에 저당 잡힌 것 같은 생각에 마음이 좋지 않다.

성경은 희망을 현재에 대한 충실성이라고 가르친다. "형제 여러분, 죽은 이들의 문제를 여러분도 알기를 바랍니다. 그리하여 희망을 가지지 못하는 다른 사람들처럼 슬퍼하지 말라는 것입니다. 예수님께서 돌아가셨다가 다시 살아나셨음을 우리는 믿습니다. 이와 같이 하느님께서는 예수님을 통하여 죽은 이들을 그분과 함께 데려가실 것입니다"(1테살 4,13-14). 테살로니카 1서는 처음으로 쓰인 신약 성경이다. 인간 삶이 끝장나는 죽음을 두고도 희망을 가지라는 이 말씀은 예수의 죽음과 부활 직후, 그리스도인들의 정체성을 엿볼 수 있는 가르침이다. '내 삶이 변해야 한다', '조금 더 잘 살아야 된다.' 이런 생각은 지금 제 삶이 무엇인지에 대한 문제를 외면하게 할 위험이 있다. 초대 교회 그리스도인들은 '이미' 오신 예수님을 하느님으로 고백하며 살았고, '다시' 오실 예수님을 희망하며 살았다. '이미'와 '다시' 사이는 무엇을 바라고 계획하고 기대하는 시간이 아니라, '이미' 주어진 것을 어떻게 받아들이고, 어떻게 살아갈까에 집중하는 시간이었다. 예수가 살다 간 지금의 삶에 대한 가치를 발견해야 하는 숙제가 초대 그리스도교 신자들에게 주어졌고, 그 숙제를 잘 풀어 간 이들에게 '다시' 오실 예수님을 '이미' 오신 그 모습 그대로 만날 수 있다는 것, 그것이 희망이었다. 희망은 그래서 충실한 현재의 연속이었고, 지금이 전부라는 확신의 또 다른 표현이었다. 테살로니카 1서는 죽음 앞에서 절망이 아닌 희망을 가지라고 말한다. 인간적으로 모든 게 끝나는 시간은 다시 얻어 누릴, 생명줄을 다시 거머쥘 시간 때문에 희망적인 게 아니었다. 그런 희망은 예단할 수 없고, 확신할 수 없다. 테살로니카 1서의 희망은 예수가 죽었다가 다시 살아났기 때문에, 그 사건은 이미 주어졌기 때문에 가능한 것이다. 여기엔 이미 주어진 것에 대한 믿음의 문제가 내포되어 있다. 희망에 대한 방향성은 미래가 아니라 오늘, 오늘이 있게끔 한 어제로 안착해야 한다.

오늘이 전부인 듯 살아가는 사람들을 두고 대개 게으르거나 한가하거나 팔자 좋은 사람이라고 험담을 한다. 걱정할 게 없으니 오늘로 감사할 줄 안다고 덧붙이며 험담을 늘어놓는다. 그리곤 또 다시 내일을 위해 발버둥치며 오늘을 살아 내는 걸 스스로 대견해한다. 열심히 사는 것과 맹목적으로 사는 건 다르다. 열심히 사는 건 지금의 삶에 대한 반성과 사유를 기반으로 내가 삶의 주인이 되는 것이고, 맹목적으로 사는 건 지금의 삶의 본질엔 눈을 감은 채 내일에 기대어 오늘을 허투로 보내는 것이다. 수많은 일을 하고, 뭐든 닥치는 대로 열심이지만 실은 시간을 허비하고 있다. 스스로가 주인이 아니기 때문에 그 열심은 자기 파괴로 연결된다. 본당에서의 봉사가 그렇다. 제 신앙의 넘쳐 나는 기쁨으로 봉사하지 않고 본당 신부가, 수녀가 시켜서 마지못해, 혹은 괜한 명예욕과 시골 마을 이장에도 훨씬 못 미치는 권력욕에 젖어 하게 되는 봉사는 그 끝이 피로감이나 허탈감, 심지어 냉담까지 이어지지 않던가. 우리 인생도 마찬가지다. 뭐든 하는 게 열심히 사는 것이 아니라 '지금 내가 왜 사는가'의 문제에 정직하게 답하는 게 열심히 사는 것이다. 그 열심에는 늘 설레임이 있고, 지금 하는 모든 것에 희망을 갖는다. 내일 무엇이 오든 상관없다. 그냥 씩 웃으며 지금을 사는 것, 그것이 전부니까.

말씀 흔적

로마서가 말하는 아브라함의 희망이야말로 제대로 된 희망을 보여 준다. "그는 희망이 없어도 희망하며, '너의 후손들이 저렇게 많아질 것이다.' 하신 말씀에 따라 '많은 민족의 아버지'가 될 것을 믿었습니다"(로마 4,18). '희망이 없어도 희망한다'는 우리말 번역은 직역하자면 '희망을 거슬러 희망한다'이다. 희망을 거스르는 게 뭘까? 거스른 후의 희망은 또 무엇일까? 한참이나 생각했고, 요즘도 간혹 '거스른 희망'에 대해 묵상할 때가 많다. 희망에 대한 묵상은 자연스레 믿음으로 연결된다. 아브라함은 믿었다. 그 믿음은 내일의 일이 아니라 오늘 주어진 하느님 말씀에 대한 믿음이었다. '많은 민족의 아버지'가 될 내일은 지금으로선 기대할 수도, 계획할 수도 없는, 전적으로 하느님께 유보된 것이었고 아브라함은 지금 그 사실을 믿었다.

얼마 전 아버지는 성주 가천에 전원주택을 지으셨다. 대개 전원주택을 지으면 제법 여유로운 집안이구나 생각할 수 있는데, 아버지는 가난했다. 경북 의성군 비안면 화신리에서 야반도주하듯, 갓 태어난 나와 아직 시집살이도 적응 못한 어머니를 데리고 무작정 대구로 나오신 분이 아버지셨다. 청소차, 공장일, 배달일, 분식집, 뭐든 닥치는 대로 안 해본 것 없이 다 하시면서 나를 키웠다고 하셨다. 그런 아버지가 어찌어찌하여 사시던 아파트를 팔아 시골에 마지막으로 살 집을 장만하신 것이다. 이사 가서 얼마 안 됐을 때, 아버지는 이렇게 말씀하셨다. "내가 이런 집을 짓고 산다고 생각이나 했겠나?" 그랬다. 상상할 수 없고, 기대할 수 없었던 일, 그것이 아버지에게 전원주택으로 주어졌다. 내일보단, 하루 먹고 사는 지금이 전부인 듯 일하셨고, 그래서 내일을 생각하는 게 오히려 사치였을 수 있는 아버지의 인생이 '전원주택'이라는 선물 앞에 성스럽기까지 했다.

아브라함은 상상할 수 없었던, 도무지 희망할 수 없었던 것을 믿은 것이다. 유토피아적 내일에 대한 기대가 아니라, 그 내일을 향한 희망을 전제로 믿은 게 아니라, 그런 희망을 '거슬러' 지금, 그저 말씀에 따라 움직이고, 살고, 또 움직이는 그것이 전부인 지금을 희망으로 사는 사람이 아브라함이었다. 아브라함의 희망은 지금을 살아 내는 것, 그것이 전부였다. 희망은 기다릴 것이 아니라 지금 살아

내는 것이었다.

"믿음 덕분에, 우리는 그리스도를 통하여 우리가 서 있는 이 은총 속으로 들어올 수 있게 되었습니다. 그리고 하느님의 영광에 참여하리라는 희망을 자랑으로 여깁니다. 그뿐만 아니라 우리는 환난도 자랑으로 여깁니다. 우리가 알고 있듯이, 환난은 인내를 자아내고 인내는 수양을, 수양은 희망을 자아냅니다. 그리고 희망은 우리를 부끄럽게 하지 않습니다. 우리가 받은 성령을 통하여 하느님의 사랑이 우리 마음에 부어졌기 때문입니다"(로마 5,2-5). 이만큼 대단한 희망에 대한 찬가가 있을까. 환난이든, 인내든, 수양이든 그 끝은 희망이고 그 이유는 우리 마음에 하느님의 사랑이 이미 부어'졌기' 때문이다. 이미 주어진 것이 희망이라는 것, 이미 주어진 그것이 환난이든, 고통이든, 슬픔이든, 그 무엇이든 희망일 수 있는 건, 거기에 하느님이 함께 계시기 때문이다. 신앙한다는 것의 궁극적 목적이 하느님과 함께하는 것 아니겠는가. 하느님을 얻었으니 희망 아닌 게 뭐가 있겠는가. 우리가 거슬러야 할 희망은 우리가 계획한 것이었고, 우리가 진정 추구해야 할 희망은 지금 함께하시는 하느님에 대한 깨달음이고, 함께한 이 시간이 진정 행복하다는 사실에 대한 신뢰여야 했다. 마치 사랑하는 사람과 함께라면 냄새 나는 쓰레기장도 화사한 꽃이 만발하고, 기분 좋은 향내음이 진동하는 곳이 되는 것처럼, 내일을 희망하며 오늘을 저당 잡히는 삶은 실은 하느님을 거부하는 우상숭배와 다를 바 없다.

이런 희망을 견지하고 하느님으로 만족하는 삶은 성당에서 묵주 굴리고, 신심활동 열심히 하고, 이 세상보다는 저 세상을 바라며 지금을 그저 참아 내는 수동적 자세를 가리키는 게 아니다. 하느님과 함께하는 희망은 인내를 필요로 한다. 부족하다고 여기는 지금을 견뎌내는 내공이 필요하다. 아픔을 무작정 참으라는 말이 아니다. 그리스 말로 '인내'는 '휘포모네(ὑπομονή)'인데, '제대로 굳건히 서 있다' 정도의 의미를 지닌다. 지금 제 삶의 자리가 어딘지 살펴보고, 그 삶을 비틀고 꼬이게 만든 인과관계에 대해 민감하게 따져 보고, 그래서 제대로 된 삶이 뭔지 찾아 나서는 능동적 삶의 자세가 인내다. 사실 지금의 우리에게는 부족한 것이 없다. 차고 넘치는 것들 속에, 더 채우고자 하는 욕망이 부족하고 배고프다는 허상을 만든다. 그 허상을 지렛대 삼아 정직하지 않은 돈과 권력을 좇아 살아가는 계급이 있어 상대적으로 우린 늘 배고픔에 찌들어 있다. '도둑놈'이라 욕은 해도, 제 삶이 저렇게 되었으면 하고 바라보는 게 유명 정치모리배들의 기름 낀 면상이고 썩은 내 나는 돈의 탐욕에 제 삶이 저당 잡혀 살아가는 재벌가의 면상이다.

내가 글을 쓰고 있는 오늘 하루도 세상엔 만 오천여 명이 굶주림으로 죽어 가는데, 미국에선 체중 감량을 위해 천 억원 이상의 돈이 쓰이고 있다고 한다. 한쪽이 배 부를 때, 다른 한쪽이 배고픈 건, 뭔가 부족해서가 아니라 부족하다 여기는 정신적 파행을 낳은 분배의 실패, 정의를 내팽개친 불의 때문이다. 우리가 인내할 것은 '혼자 참고 견뎌라'가 아니라, 이런 불의에 저항하고 맞서는 것이어야 한다. 지금 우린 부족할 게 없다. 예수 덕택에 '어떠한 은사도 부족함 없이' 우린 이 세상을 살아가고 있다. "그리스도에 관한 증언이 여러분 가운데에 튼튼히 자리를 잡은 것입니다. 그리하여 여러분은 어떠한 은사도 부족함이 없이, 우리 주 예수 그리스도께서 나타나시기를 기다리고 있습니다"(1코린 1,6-7).

부족한 건 대개 돈이나 명예나 권력 따위의 문제가 아니다. 금이나 은이 없어서 절망하거나 좌절하는 게 아니다. 삶의 가치를 잃어버렸을 때, 자존의 의미를 도무지 찾지 못했을 때, 우리는 지금의 삶을 포기하고 만다. 돈이 많아서 희망적이라면 이건희 회장이 가장 희망찬 인물일 것이며, 명예나 권력이 대단해서 희망적이라면 힘깨나 쓴다는 정치인들, 공무원들, 사업가들이 우리나라에서 가장 기뻐해야 할 사람들일 테다. 그러나 참된 희망은 그 모든 것에서 해방된 이의 넉넉함에서 시작한다. 해방은 현실로부터의 회피가 아니라 오히려 현실 안에 포탄처럼 터지겠다는 인내의 정수다. 예수는 이 해방을 그의 죽음을 통해 보여줬다. "여러분도 알다시피, 여러분은 조상들에게서 물려받은 헛된 생활 방식에서 해방되었는데, 은이나 금처럼 없어질 물건으로 그리된 것이 아니라, 흠 없고 티 없는 어린양 같으신 그리스도의 고귀한 피로 그리된 것입니다"(1베드 1,18-19). 말하자면, 지금 현실을 새롭게 보고, 지금의 시간을 어떻게 살아갈 것인지 삶의 자세를 가다듬는 것이 해방이요, 인내다. 그러므로 새롭게 태어나야 한다. 요한 복음의 니코데모가 잘못 이해했던 것처럼 어머니 배 속에 다시 들어가라는 말이 아니다. 예수를 통해, 그가 보여 준 해방의 삶을 통해 우리는 지금을 살뜰히 가꾸어 나가는 것 자체가 희망찬 삶이라는 사실을 믿고 받아들여야 한다. "우리 주 예수 그리스도의 아버지 하느님께서 찬미받으시기를 빕니다. 하느님께서는 당신의 크신 자비로 우리를 새로 태어나게 하시어, 죽은 이들 가운데에서 다시 살아나신 예수 그리스도의 부활로 우리에게 생생한 희망을 주셨고, 또한 썩지 않고 더러워지지 않고 시들지 않는 상속 재산을 얻게 하셨습니다"(1베드 1,3-4).

예수는 처음부터 이 희망을 위해 존재했고 마지막까지 이 희망을 보증해 준다. "그리스도께서는 세상 창조 이전에 이미 뽑히셨지만, 마지막 때에 여러분을 위하여 나타나셨습니다"(1베드 1,20). 이를테면 우리는 처음의 희망과 마지막 희망 사이에서, 희망으로 둘러싸여 살아가고 있다. 우리의 삶이 조금은 힘들고, 조금은 우울하고, 조금은 고통스러워도 그건 희망의 상징이 된다. 그 힘듦은 희망의 보증인 예수가 육으로 고통을 겪은 것, 이 세상의 부조리에 항거하며 살았던 삶의 흔적이 우리 안에도 스며들어 있다는 증거가 되기 때문이다. "그러므로 그리스도께서 육으로 고난을 겪으셨으니, 여러분도 같은 각오로 무장하십시오. 육으로 고난을 겪는 이는 이미 죄와 관계가 끊어진 것입니다"(1베드 4,1). 예수가 고난을 당한 건, 지극히 희망적이다. 예수가 살아간 그 '오늘'의 사회 · 문화 · 종교적 문제에 예수는 정확하게 저항했고, 그 저항의 결과가 예수의 고난이었기 때문이다. 인간성이 파괴된, 인권 유린의 현장에서 예수는 사람을 살리려 했고, 사람을 위해 자신을 바쳤다. 인간을 위한 그의 '오늘'이 우리가 사는 '오늘'을 위한 것이었다. 슬픈 건, 그런 '오늘'을 우리는 회피하고 거부하는 데 익숙해졌다는 것이다. 그리고 '내일'이란 기만적 표현으로 '오늘의 희망'을 앗아가는 세력과 그 세력에 부역하는 사람들의 탐욕으로 우리 사회는 성공과 행복 등의 가치조차 '더 나은 내일', '더 많은 돈'이라는 구호로 분칠해 버렸다는 것이다.

세상의 위선적 가르침에 더 이상 속지 말자. 지금을 열심히 살고 정직하게 사는 사람에게 마약 같은 내일을 가르치는 사람들의 사탕발림 헛소리에 더 이상 주눅 들지 말자. 최소한 인간이라면, 이 순간을 살아가는 신앙인이라면, 지금 이 순간의 불의와 부조리에 '미안하다', '함께 고쳐 나가 보자'라고 말해야 한다. 그런 사람, 그런 사회가 우리 주위에 보일 때, 우린 희망적이라고 말할 수 있다. 그래서 우린 다시 한번 묵상해야 한다. 아브라함은 희망을 거슬러 희망했다는 사실을 말이다.

열다섯

부활

부활을 생각하면서,
제 삶의 완성과
그 끝자락에 대한 고민에만 머문다면,
그것은 결국, 자신을 다시 육의 범주 안에
가두는 꼴이 되고 만다.

가끔 서울 강남 쪽에 강의를 하러 갈 때가 있다. 조용한 걸 견디지 못하는 나는 약간의 시끄러움 속에서 글도, 공부도 잘되는 편이다. 흔히 '백색소음'이라고 하던가. 혼자 방안에서 책을 읽을 때도 '백색소음'을 다양하게 제공하는 애플리케이션을 켜 놓곤 한다. 타지에 강의를 갈 때는 조금 일찍 가서 근처 카페에 앉아 강의할 내용을 검토하는 것도 그런 이유 때문이다. 사람들끼리 주고받는 이야기에 나는 살아 있음을 느낀다.

강남의 카페에 앉아 있는 젊은 사람들 모습을 보면 다들 엇비슷한 것 같다. 적어도 나에겐 말이다. 뾰족한 턱과 오똑한 코, 눈 밑의 애교살까지…. 다들 어쩜 저리 예쁠까가 아니라, 어쩜 저리 똑같을까 하는 생각이 든다. 서울 강남에는 성형외과가 많다. 우리나라가 성형을 잘한다는 건, 성형한 사람이 많다는 뜻이기도 하다. 예뻐지고 싶은 욕구야 당연한 듯하지만, 예쁜 게 한 가지 모습으로 집중되는 현상은 선뜻 이해가 가질 않는다. 성형은 마치 자신을 죽여 다른 사람으로 만들어 가는 게 아닐까, 하는 생각에 강남의 카페에 앉아 있을 때면 간혹 죽음을 생각한다. 모두들 자신의 모습에 죽었구나, 하면서 쓴웃음을 짓는다.

지금의 모습을 경시하는 태도, 지금 나의 본디 모습을 부족하다 여기는 태도, 이건 묵시주의에서 도드라진다. 묵시주의하면 으레 우리는 요한 묵시록을 떠올린다. 신천지 덕택(?)에 한국 교회 안에 요한 묵시록에 대한 관심은 커졌다. 그런데 대개 그 관심은 미래에 펼쳐질 하느님의 심판에 대한 이야기로 축약되며, 지금보단 내일의 일에 관심을 기울이게끔 가르치고 배운다. 묵시주의는 지독한 이원론에 기반한다. 지금보단 내일, 여기보단 저 천상을 향해 하루하루 살게 만드는 게 묵시주의 작품들의 특징이다. 희망찬 미래를 꿈꾸게 하는 것이 뭐가 나쁜가 싶지만, 실은 지금이 너무 살기 힘들다는 생각이 묵시주의 작품으로 쏟아져 나온 것이다. 지금을 회피하고 싶은 마음이 내일에 대한 집착으로 환치된 것이 묵시주의다. 예수의 부활을 이해하는 데 있어서도 이러한 묵시주의적 배경을 다루곤 한다. 그도 그럴 것이 신약성경에 예수의 부활을 표현한 동사들이 묵시주의적 배경 안에서 사용되었기 때문이다. 신약성경에서 예수의 부활을 두고 대개 세 가지 동사가 사용되는데, '깨어나다'(ἐγείρω, 1코린 4), '일으켜지다'(ἀνίστημι, 1테살 4,14), '들어 높여지다'(ὑπερυψόω, 필리 2,6-11)가 그것이다. 깨어나다와 일으켜지다는 유다 묵시문학에서 '마지막 때'를 가리킬 때 사용된 동사이기도 하다. 예컨대, '깨어나다'라는 동사는 다니 12,1-3에서 죽은 이들이 깨어나 영원한 생명을 얻어 누리는 것으로 묘사될 때 사용되었다. '일으켜지다'와 '들어 높여지다'는 《에녹의 승천》이라는 묵시문학 작품에 나타나기도 하고, 인간의 삶을 신성을 향한 여정으로 보았던 헤르메스주의에도 나타나는데, 신에게 다시 다가서야 하는 인간의 운명을 담고 있는 동사이다. 요컨대, 예수의 부활을 표현했던 동사는 '마지막 때'의 희망과 바람이 스며든 것들이었다.

그러나 예수의 부활은 묵시주의적 사고에서 벗어나는 데서 시작해야 한다. 말하자면 지독한 이원론에서 해방되는 것이 부활의 시작이어야 한다는 것이다. 요한 묵시록은 묵시주의적 표현들로 넘쳐나지만, 묵시주의에는 저항했다. 요한 묵시록에서 어린양으로 분하여 나타난 예수는 지상 삶 한가운데, 고통의 한가운데에 살았고, 인간 삶의 처지를 온몸으로 감내했다(묵시 5,6장 참조). 예수의 부활은 천상의 신비 안에 계시된 것이 아니라, 지상 삶 한가운데서 벌어진 역사적 사건이었다. 하여, 부활은 죽는 것만큼 힘든 지금의 삶과 직결된 문제로 이해되어야 한다. 지금 삶과 전혀 다른 몸뚱이의 재생이 아니라, 지금 삶이 하느님과의 관계 안에서 새롭게 조망되는 것이 부활이다. 그것은 지금에 대한 회피가 아니라 지금에 정직하고 솔직하게 응답하는 것이어야 한다.

말씀 흔적

부활에 대한 사유는 때론 훌륭히 살아야 한다는 인간적 문제에 대한 천착으로 빠질 위험이 있다. 이를테면, 부활을 훌륭한 삶의 결과나 열매로 이해하는 것이다. 많은 신자들이 이런 태도를 갖고 있다. 이른바 '인간 구원'의 관점에서만 부활을 이해하는 태도는 우리 죄의 유무, 나아가 우리가 어떤 몸으로, 어떤 영광 안에 들어갈 것인가에 대한 문제에 집중하게 한다. 사실 예수의 부활을 인간 구원 문제와 연결하여 해석하는 것은, 사도 바오로 서간 곳곳에 나타난다(1코린 15,3-5; 1테살 4,14; 로마 14,9; 1,3-4; 4,25; 필리 2,6-11 참조). '우리를 죄와 잘못에서 구원하기 위해 예수는 죽고 부활했다' 정도로 요약할 수 있는 사도 바오로의 말씀들로 인해, 부활을 통해 우리는 죄를 벗어던지고 하느님의 영광 안에 들어갈 수 있게 되었다는 신앙고백이 교회에 자리 잡게 되었다. 그런데 이런 관점은 예수의 부활을 우리의 부활로 환치하는 부작용을 동반한다. 무슨 소리냐? 예수의 부활은 절대적으로 타자의 사건이었다. 나의 사건이 아니다. 그 사건이 우리의 구원과 직결되려면 조건은 하나다. 예수처럼 사는 것, 그리고 예수에 대한 믿음과 의탁이 필수 요건이다(요한 20,31). 예수는 모든 이를 위해 죽고 부활했지만, 예수는 '아무나'를 위해 죽고 부활한 게 아니다. '모든'으로 규정되는 보편적 구원은 지극히 '관계적 개념'이라, 인간이 거부하면 하느님도 어찌할 수 없는 노릇이다. 그게 전지전능하신 하느님의 역설적인 나약함이다. 손바닥도 마주쳐야 소리가 나지 않나? 부활로 가시화된 구원의 완성은 하느님과 인간의 만남이어야 하고, 알지 못하는 천상과 한계 지어진 지상의 온전한 합치여야 한다. 부활을 생각하면서, 제 삶의 완성과 그 끝자락에 대한 고민에만 머문다면, 그것은 결국, 자신을 다시 육의 범주 안에 가두는 꼴이 되고 만다. 죽어 가는 육의 행실과 그것의 옳고 그름을 놓고 예수 부활의 의미를 곱씹는 것은, 사도 바오로의 표현을 빌리자면 죄의 유무를 따지는 '율법의 저주 아래' 있는 것일지도 모른다. "율법에 따른 행위에 의지하는 자들은 다 저주 아래 있습니다. '율법서에 기록된 모든 것을 한결같이 실천하지 않는 자는 모두 저주를 받는다.'고 성경에 기록되어 있기 때문입니다"(갈라 3,10).

나에겐 고마운 동기 신부가 있다. 같이 교구청에 근무하고 있고, 같이 운동도 다니고 휴가도 함께한다. 나보다 나이가 많아 형이라 부르는 동기 신부다. "형, 형 같은 사람이 주교님이 되어야 하는데…." "왜?" "음…, 형은 아는 게 없잖아. 하하." 우스개 소리지만, '무식하고 게으른 지도자'가 가장 멋진 지도자란 말이 있지 않나. 형은 그랬다. 아는 게 없다고 스스로 낮출 줄 알고, 뭐든 내가 하자면 그러자고 맞장구를 쳐 준다. 생각이 없어서가 아니다. 사회 문제와 인권 문제, 생태 문제와 경제 문제에 해박한 지식과 나름의 주관이 뚜렷한 형이다. 자신이 뚜렷한 생각을 갖고 있으면서도 타인을 재단하지 않는 형이 나는 좋다. 하루는 이런 일도 있었다. 함께 목욕하러 갔다가 씻지 않고 탕에 들어오는 이들을 두고 내가 쓴소리를 하니, 그 형이 이렇게 말했다. "인류애를 느껴 봐. 저 사람들의 땀과 함께 말이지." 말도 안 되는 이야기지만, 생각할 거리는 많았다.

성격은 다르지만, 나에겐 고마운 동기 신부가 또 있다. 그 신부와는 만나기만 하면 싸운다. 그 신부와의 입씨름은 즐

열다섯-부활

겹고 고맙다. 오스트리아에서 공부한 그 신부는 지금 뮌헨에서 교포사목 중이다. 얼마 전 만나서도 신학과 신앙에 대해 나름의 생각들을 늘어놓고 한바탕 싸웠다. 내가 그 신부를 좋아하는 건, 제 생각을 가지고 싸울 줄 알기 때문이다. 지금이 전부이듯, 제 목소리가 자신에게 해로울 수 있음에도, 제 신념을 가지고 논쟁할 줄 아는 그 신부를 만날 때면 나 역시 '내 것'을 지니고 전투 태세에 돌입한다. 가끔씩 싸우지 않는, 그래서 늘 인자한 미소를 짓는 지식인들을 만났을 때, 놀랍게도 그들이 게으른 사람이라는 사실에 적잖이 당황스러울 때가 있다. 과거 자신이 몇 자 배워 온 것으로 평생을 우려먹으며 제 삶에 대해서, 제 지식에 대해서 어떠한 투쟁도, 손질도 하지 않은 채 제 삶을 소비하는 사람을 나는 게으른 사람이라고 생각한다. 싸우지 않는 지식인은 자신에 대해 생각하거나 말할 줄 모른다. 자신의 껍데기에 관심이 많고, 그 껍데기를 유지하고 더 나은 껍데기를 덮어쓰는 데 열중하기 때문에 모든 이에게 세련된 처세로 다가선다. 이른바 '간판주의'로, 제 학위나, 제 직분으로 자신을 말하는 이는 보기에 민망하고 애처롭다. 이런 이들은 노예 생활을 하고 있는 것이다.

지금에 충실하나 지금이 전부가 아닌 듯, 다른 게 있음을 돌아볼 줄 아는 여유를 지닌 동기 신부, 지금의 자리에 전부를 쏟아 붓듯 전투적으로 살아가나, '보다 나은 내일'에 대한 기대나 바람은 하느님께 온전히 내어 맡긴 듯 자유로이 사는 또 다른 동기 신부, 그들은 나에겐 선물이자 부러움이다. 그들은 자신을 살되 자신에게 묶여 있지 않는, 진정한 해방을 사는 것이다. 사실, 복음서의 부활 선포가 '빈 무덤'의 형상과 함께 이루어지는 것은 우연이 아니다. 나는 마르코 복음의 빈 무덤을 자주 묵상한다. 마르코 복음의 빈 무덤은 '십자가에 못 박힌 이'가 부활했다는 소식을 알리지만 사람들은 그 빈 무덤 앞에 넋을 잃고 당황스러워한다. 예수는 부활했지만, 사람들은 여전히 자신의 기존 생각과 신념에 사로잡혀 있다(마르 16,1-8: 마르코 복음 16,8 이하는 후대에 첨가된 부분이다). 비어 있다는 건, 꽉 차 답답하지 않는, 채워져야 할 무엇을 규정하지 않은 자유로움의 상태가 아닐까? 그래서 넋을 잃은 채 당황할 수밖에 없는 상태가 마르코의 빈 무덤이 아닐까. 마르코 복음은 줄곧 제자들의 완고함을 질타한다. 규정하고, 단정하고, 갈망하는 것에 저당 잡힌 제자들의 마음을 예수는 답답해했다. 빈 무덤은 어쩌면 그런 제자들의 완고함을 걷어 낼 수 있는 비움의 자리일 것이다.

우리가 부활을 인식하는 데 필요한 것은 지금 삶에 대한 완전한 개방이다. 사는 것에 대한 충실이라고 해도 좋고, 사랑이라고 해도 좋으리라. 굳이 제 삶이 어떤 기준에 딱 맞아떨어져야만, 세상이 괜찮다고 인정하는 삶의 모습에 안착해야만 만족해하는 우리의 강박증에서 해방되는 게 부활을 이해하고 사는 것이다. 이를테면 비움의 여유를 잃어버리지 말아야 한다. 가끔씩 강의를 마쳐 갈 무렵에 신자들께 드리는 말이 있다. "제멋대로 살아 보시라!" 우린 한 번이라도 제 멋을 가지고 살아 본 적이 있는가? 대개 어디에 얽매여 노예 생활을 제 삶이라 착각하며 사는 게 아닌가? 지금의 삶이 부활일 수 있는 건, 제 멋이 뭔지 늘 되묻는 작업에서 가능하다. 나는 누구인가? 나는 왜 사는가?

어떻게 사는 게 가장 멋있을까? 등등 이러한 질문에 정직하고 솔직한 답변이 가능할 때, 우린 부활한다.

나가는 말

'자아의 회복.' 이 글을 마치면서 머릿속에 떠오르는 말이다. 예수가 공생활 동안 가르친 것은 결국 우리 각자가 자신이 누구인지를 깨우치도록 도와주는 것들이었다. 예수는 부활했다. 많은 가르침을 던져 놓고 하느님 곁으로 갔다. 그 가르침 안에 예수는 여전히 우리와 함께 살아 숨 쉰다. 다만, 우리가 우리를 얼마나 투명하게 발견하고 사는지는 세상 끝 날까지 숙제로 남아 있을 테다.

자아의 회복은 지금을 충실히 살 때 가능하지 않을까? 예수를 보자. 그는 30년 남짓한 일생 동안 '아버지의 뜻'에 철저히 자신을 내어던졌다. 아버지의 뜻이 자신의 뜻이었고 자신이 곧 아버지임을 가르치다 예수는 죽었다. 어떤 의미로 예수는 순간순간을 아버지의 뜻을 위해 철저히 죽어 갔다. 이만큼 제 삶의 현재를 충실히 살아간 인간이 있을까 싶다. 하느님은 그런 외아들 예수를 부활시키셨다. 부활은 예수의 피눈물 나는 일생에 대한 보상이 아니라 예수가 살아 낸 인생이 곧 하느님의 현존이었다는 사실의 확인이었다.

우리가 각자 제 삶에 충실하면 우린 하느님 나라를 사는 것이라고 했다. 의로움을 위해 박해를 무릅쓰더라도 본디 인간의 의로운 모습, 곧 서로가 제 종류대로 어울려 조화를 이루는 삶을 살아 내는 이에게 하느님 나라는 이미

와 있다고 했다(마태 5,3.10). 지금 제 삶의 고유함과 그 고유함을 지키려는 충실함은 결국 현실적 가난을 불러온다는 사실을 우리는 숱하게 경험한다. 이른바 '입바른 소리', '비판적이고 합리적 의심', 이런 것들에 우린 매우 민감하고 저항한다. 그리곤 세상의 '주류'에 기대어 '현실 논리'라는 어쭙잖은 이유로 제 고유한 삶을 망가뜨린다.

   모두가 '제 멋'을 가지고 살 순 없을까? 우리를 옥죄는 것으로 우리는 스스로 치장한다. 치장해야만 살 수 있다고 생각하는 것들로부터 진정 해방될 수는 없을까? 이 책을 쓰면서 매 순간 고민했던 주제이고 앞으로 더 많이, 더 심도 있게 고민해야 할 숙제다. 그럼에도, 아직 숙성되진 않앗지만, 이 글을 마치면서 내놓는 답은, 프란치스코 교종의 말씀이다. "하느님께 가장 소중한 것은 바로 우리입니다. 우리가 죄인이라 해도 우리는 하느님 마음에 가장 소중한 존재입니다." 사람보다 귀한 존재가 없다. 나는 물론이고 나의 원수라도 사람이라면 소중하고 사랑스러운 하느님의 작품이다. 사람 말고 다른 것을 우선시하는 우리의 탐욕이 우리의 멋을, 우리의 고유함을 짓밟는다.

 사람만이 희망이고 진리이고 기쁨이 되는 날, 예수는 "친구야, 참 수고했다"라며 우리의 어깨를 토닥일 것이다. 그때까지 조금씩 손 내밀고, 조금씩 참아 내며, 조금씩 다독이자. 우리는 모두 참 아픈 사랑을 하는 중이다.

말씀 흔적
말씀은 우리 삶에 흔적을 남긴다

서울대교구 초판 인가: 2017년 8월 14일
초판 1쇄 펴낸날: 2017년 9월 25일
4쇄 펴낸날: 2023년 2월 6일
지은이: 박병규
펴낸이: 백인실
펴낸곳: 성서와함께
06910 서울특별시 동작구 흑석로13길 7
Tel (02) 822-0125~7/ Fax (02) 822-0128
http://www.withbible.com
e-mail: order@withbible.com
등록번호 14-44(1987년 11월 25일)

ⓒ 2017 박병규
성경 ⓒ 한국천주교중앙협의회 2005

ISBN 978-89-7635-320-7   93230

* 이 책에 실린 내용은 펴낸이의 허가 없이 전재 및 복제할 수 없습니다.